禅生活

[日]铃木大拙/著
刘建/译

海南出版社
·海口·

图书在版编目（CIP）数据

禅生活 /(日) 铃木大拙著 ; 刘建译 . -- 海口 : 海南出版社 , 2014. 4 (2025. 5 重印).

ISBN 978-7-5443-5189-8

Ⅰ. ①禅… Ⅱ. ①铃… ②刘… Ⅲ. ①禅宗 - 人生哲学 - 通俗读物 Ⅳ. ① B946.5-49

中国版本图书馆 CIP 数据核字 (2013) 第 183401 号

禅生活

CHAN SHENGHUO

作　　者：[日] 铃木大拙
译　　者：刘　建
责任编辑：张　雪
责任印制：郄亚喃
印刷装订：三河市祥达印刷包装有限公司
读者服务：张西贝佳
出版发行：海南出版社
总社地址：海口市金盘开发区建设三横路 2 号
邮　　编：570216
北京地址：北京市朝阳区黄厂路 3 号院 7 号楼 101 室
电　　话：0898-66830929　010-87336670
电子邮箱：hnbook@263.net
经　　销：全国新华书店
版　　次：2014 年 4 月第 1 版
印　　次：2025 年 5 月第 3 次印刷
开　　本：787mm × 1092mm　1/16
印　　张：12.5
字　　数：150 千
书　　号：ISBN 978-7-5443-5189-8
定　　价：49.00 元

目录

第四篇　觉悟之路

第五篇　公案

第一篇

禅生活

禅

“禅生活”这一命题的内涵何在呢？简而言之，这一命题意味着我们芸芸众生的所有日常物质和精神生活都与禅相伴，与禅共存。

可以设想一下，我们的日常生活可曾须臾脱离过“禅”吗？饲养在鱼缸中的一尾尾小鱼，任凭如何拼命地挣扎也脱离不开那个小小的世界，若是强行逃离，最终只能落得个遍体鳞伤、必死无疑的可怜下场。正所谓世间法是梦幻空花，非世间法亦是梦幻空花，都是无法把握的，世人终究跳不出世间法的窠臼。

如果我们从其他角度来观察的话，所谓“基于禅的生活”可以理解为：在我们呱呱落地世间之前业已具有的“头脑”之上再添加另外一个“头脑”之意。我为什么要在这里不厌其烦地反复阐述这一命题呢？这是因为我们往往由“何为人之本源”这一似乎人人都存在的日常生活疑问出发，最终卷入自身内心的思想纠葛而陷入束手无策、不可自拔的境地。毋庸赘言，这是一个无奈的结局。而正是这种“愚蠢”发问的本身，向我们芸芸众生展示了一个迄今为止未曾领悟过的思维领域。

换言之，所谓“愚昧无知”就是一种“好奇心”。“好奇心”可以称之为“神”赋予我们人类的一种精神财富。恐怕“神”就是为了更加了解自身本源而创造了人类，继而借助人类来满足自身的好奇心吧？

言归正传，拙著既然以“禅生活”为命题，那么我们就首先由这一命题探讨开来吧。为阐明这一命题，我们可以运用“神”（“神圣的生命”）赋予我们人类内在思维领域的高度发达而丰富的知识，即“思想意识”。这是因为，所谓“知识”正是我们人类与其他生物的根本区别之所在。“知识”二字本身十分烦琐抽象，但知识是我们人类经营日常生活的工具，只要我们恰如其分地加以运用，就一定能够获益匪浅。

众所周知，唯物主义者主张：思维取决于存在，而存在不为思维所左右，源于实根实据的存在又被其本身所制约。我本人认为唯物主义者的这一论断疏忽了一个不可否定的事实：如果没有思维和意识，我们只能称所谓“存在”为“非存在”。事实上，所谓“存在”，只有自我对此有所意识之时，才可以称其为存在。如果“神”只是作为“神”而仅仅止步于自我本身，那么“神”即为“非存在”；只有当“神”觉悟到了“神”并非“神”之自身，“神”方能升华为“神”。也就是说，“神”非为“神”自身，故而“神”即为“神”。“神非为神”这一论断取决于“神”之内涵。所谓“神非为神”就是“神”自身的思想和意识。正是依据这一意识，“神”既可以脱离其自身，同时也可以回归其自身。由此而推，我们难以盲目地附和唯物主义者所主张的“思维取决于存在，而存在不为思维所左右”这一论断。我们可以推论：存在自身由于思维而存在，也就是说，“存在”并非“存在”自身，故而“存在”即为“存在”。

禅就是生存，禅就是生活，生存就是禅。也就是说，我们芸芸众生并非借助禅而生存，而是生存于禅之中。但是可以说，所谓“芸芸众生借助禅而生存”这一论点就是源于对上述事实的认识。

毋庸赘言，这种认识至为重要。为什么这样讲呢？因为没有比在日常生活中体会认识“神圣”更为重要的了。犬之所以永远为犬，就是因为犬没有意识到自身为犬，也不知晓自身包容着“神圣”，所以，犬不可能超越自身。犬嗅到了骨头的气味就会飞奔而食，渴了就会觅水而饮；周期性地追逐异性，甚至不惜为得到追求目标而与竞争者拼死相搏；当自身生命行将终结之际，只能听天由命咽气死亡而已。犬为什么不能慨叹自身的命运？为什么既无悔恨也无期盼和憧憬？这一切都是源于何处呢？这完全在于，犬意识不到自身的“佛性”，觉悟不到这一真理而终其生的缘故。可以确切地说，犬虽然生存于“禅”之中，却并非借助“禅”而生存；生存于“禅”之中，且借助“禅”而生存的唯有人类。但是，仅仅生存于“禅”之中并非至善至美，我们芸芸众生应该基于“禅”而生活。

我以为，我们芸芸众生应该具有生存于“禅”之中这一意识。毋庸赘言，这一意识远远有别于我们平素所理解的普通意识，它显示了人类可以抵达的精神终极彼岸，接近于“神”的意识。当“神”目睹自己的生命所显示出的光芒时，“神”诲而言之：“这就是善！”可以认为，“神”所下的定论，就是对世间意识的最为原始的觉悟，就是芸芸众生所生存着的这个世界的原始形态。仅仅借用“光明”和“黑暗”这两个概念来解释世界，是远远不能够揭示和阐明世界的原始状态的。只有当我们具备了客观评价主客观世界的姿态，即正确而客观地进行自我评价的姿态，这个世界才开始启动。这也相当于“窃食禁果”。所谓“食”就是了解和分辨“善恶”，知晓“光明与黑暗”价值的过程。在评价和积累知识的过程中，存在着借助禅而生存的奥秘。

每一个生命都不知不觉地生存于禅之中，而只有人类才明了这一生存的奥秘。借助这一奥秘与“神”相交流，是我们人类的特权。但是，当我们掌握了这一奥秘之时，就不能称其为什么“奥秘”了。这一“奥秘”将昭示于所有具备了“意识”之人。这就是所谓“欲盖弥彰”吧。

禅生活远远地超越了道德范畴。所谓“道德”也可以解释为“束缚”，而禅向我们芸芸众生展示了一个更为广袤无际、更加自由放任的生活天地。

“道德”并非一个抽象的概念，它的作用归根结底是通过社会的或一定阶级的舆论对社会生活起约束作用。所谓“禅生活”，就是整个生活本身，即意味着生活本身就是至善至美。因此，这种生活源于人的主观能动性，而毫无必要去尝试或刻意寻求主观能动性之外的任何其他之物。如果生存于禅之中，那么无论天气何等恶劣，日日也是“好日”。

所谓道德，通常为善恶、邪正等诸多观念所束缚而“作茧自缚”，难以超越其概念范畴。如果超越了其概念范畴，就已经不能称其为道德了。与道德相比，禅不为任何观念所束缚，恰如翱翔于天空的飞禽、遨游于水中的鱼虾、绽放于原野的百合，无拘无束而自由自在。

道德与理智作用为伍，携手而行。我们知道，理智可能将某种事物与其他事物加以区别而使之成为截然相反的对立面。依此类推，将善恶分为截然相对的两个极端的生活方式，当属于道德的概念范畴之内。道德从属于理智的判断，而禅的特点是主张原原本本地接纳一切事物。但是这样讲似乎有失恰当准确而易招致误解之虞。

禅，既对事物加以区别，也对事物做出判断。禅，既不主张否定人体五官的功能乃至理智的作用，也不主张否定道德。美就是美，善就是善，真就是真。禅，并不反对为了评价存在于我们眼前的客观事物而做出一般的判断。所谓禅，就是将禅的内涵附加于上述所有判断之上而生成的“某物”；当我们悟得了这一“某物”之后，我们就可以认同为生活于禅之中了。

然而，这也正是禅最为费解之处，其原因在于禅难以表现其自身。换言之，对于理智的作用的认识已经根深蒂固的芸芸众生来说，找不到能够对其充分理解的表现方式。禅如果赋予自身以语言，其语言将产生使语言这一表现形式彻底颠倒的逆行作用。由此，则将使理智步入迷途而茫然并无所适从。

禅主张“清静行者，不入涅槃。破戒比丘，不堕地狱”。这一主张完全有悖于道德至上主义者的传统观念。白隐禅师（1685—1768）曾经对此加以注释，阐述了他的独特见解：

闲蚁争曳蜻蜓翼，忙燕并憩杨柳枝。
蚕妇携篮菜色多，村童偷笋过疏篱。[①]

如果我们基于理智的立场来分析，前者“行者与比丘”原句与后者白隐的独特见解之间有哪些关联呢？可能有些人认为这完

---

① 见《白隐门下逸话选——荆棘丛谈全译注》（禅文化研究所）。

全是风马牛不相及。然而，如果从禅的角度出发，则可以清楚地明了其中蕴含着十分清晰的紧密联系，即原经文可以视为白隐注释的偈颂。如果通晓了二者其中一方，即可以明了另一方的含义。

下面，我们基于理智的立场来对此加以分析注释。白隐描绘的是人们司空见惯的日常生活光景。因此，我们平素信步而过，不会觉察到丝毫特别的情调。然而，白隐却将这司空见惯的日常生活光景理解为蕴涵着某种禅意来加以描绘。虽然这是我们日常的生活如实反映出来的禅的体验，但是对于具有一般知识教养的常人来说，由于欠缺正确无误地理解“清静行者，不入涅槃”这一似是而非论点本来面目的涵养，所以认识不到眼前这一事实。如果我们满足止步于一般知识教养，我们将毫无办法脱离污浊的境界。

禅的生活，向我们揭示了单纯依靠理智所难以把握的另一个不可思议的世界的途径。宋代著名的文人苏东坡（1037—1101）参禅修道，禅学造诣颇深，他有这样一首诗传世：

庐山烟雨浙江潮，
未至千般恨不消。
到得还来别无事，
庐山烟雨浙江潮。①

这首诗展现了庐山美丽而神秘的烟雨、钱塘江宏伟壮观的潮

---

① 宋·苏轼《观潮》。

汐，不论我们期望还是不期望禅悟，大自然的景色都依然如故。不论你观赏之前，还是观赏归来之后，大自然的景色都毫无二致，一如诗人所吟咏的“到得还来别无事”。也就是说，不论这个世界上有无禅的存在，大自然的景色不会发生任何变化，依旧是同一个世界。但是，其间我们的思想意识一定萌生了新的变化，否则眼前的大自然景色绝不会呈现“相同色彩”。禅的生活，迄今为止一直存在于我们芸芸众生的心怀之中，由于接触未曾认识过的“日常琐事”而感悟。而这些所谓“日常琐事”对我们整个人生产生影响之时，则将转化为“终身大事”。

如果我们客观地观赏今宵皎洁而明亮的月亮，就可以知晓月亮遵循自然规则而出现朔月或满月，即阴晴圆缺的状态，它终归是同一个天体。然而，文人墨客大多依据不同场合而力图描绘表达各自相异的印象。对于文人墨客来说，形状各异的月亮并不是同一天文学概念。

苏东坡在上述诗句中断言，自己观赏庐山景致前后的感受为“别无事”，表明诗人心灵深处发生了一场巨大的、革命性的变化。由于这场心灵深处的变化过于巨大而彻底，苏东坡本人也意识到了它的深刻含义。如果这种变化只限于局部，尚有可能与其他残存部分加以比较。例如，由观赏充满诗情画意和浪漫主义色彩的月亮而抒发出来的灵感，属于心理感受，而不属于相对意识。

但是，苏东坡上述诗句中表露出来的感悟，渗透于其全身的细胞。所以诗人自身已经完完全全地从悟前的自我境界之中脱离出来了。不仅仅诗人如此，庐山也不再是悟前的庐山了。庐山的存在业已获得了庐山的意识和思维；身为观赏者的苏东坡本人亦同样如此。与此同时，二者终于获得了欢喜而合为一体。这一感悟的转变过程，可以称其为世界上所能够经历体验到的最为壮观之伟业。

正因为如此，笔者力图通过拙作来着力阐明禅——这一伟大而神秘的存在，由此当可自然而然地明了“禅生活”的本来面目。

第二篇

禅之概观

禅

禅，为佛教诸家学说之一。禅的宗旨强调：唯有禅宗继承了正统佛教的精髓。禅宗主张：不拘流派，如果佛教各宗派教理教义中缺少禅的思想因素，或其宗派的传人缺乏禅的思维头脑，则难以纯粹地称其教理教义为佛教。因此，禅者称禅体现了佛教诞生和发展的全部过程。佛教兴起于禅并且大成于禅。如若从佛教中剔除了禅的成分，佛教则将丧失称之为佛教的缘由。如果承认禅宗的这一明确主张符合客观事实的话，也就意味着赞同如下结论：禅不仅仅是佛教的一个流派，禅代表了整个佛教。

然而，佛教发展传承的历史揭示：至少在日本，禅分流形成了佛教中一个特殊的派别，并且拥有完整的宗派制度。笔者准备在以下几章中着重阐明“禅乃佛教之精髓”这一主张。在本章中，着重分析论述如下命题：不仅仅在教理教义方面，在我们日常生活中，禅也可以称为一种极为特殊的修行方式。

（一）如何是佛

首先，禅的特色表现在禅师接化初参门人弟子的手段方面。禅门独特至极的接化施教手段，往往将初参者推入一筹莫展而无路可行的窘境。例如，禅师面对初参者“如何是禅”这一满腔诚意的疑问，禅师的回答五花八门：

“猛火著油煎。”①

“猢上树尾连颠。”②

“碌砖。”③

“扬眉瞬目。”④

例一：

某日，一位修建禅寺庭园的弟子前去拜见禅师，咨请禅法妙谛。其师便曰：“等到什么人都不在的时候，你再来。那时候说给你听。”

翌日，那位弟子环视周围确无一人，就再次来到禅师丈室，乞求禅师开示真谛。禅师催促弟子道：“来！你再往前一点儿来！”弟子遵照禅师吩咐向前挪动一步。禅师开口道出了这样一句话：“这个禅就是有口说不出，有话讲不了的东西呀！”

---

① 见《五灯会元》卷四《睦州陈尊宿禅师》。

② 见《五灯会元》卷五《清平令遵禅师》。

③ 见《五灯会元》卷五《石头希迁禅师》。

④ 见《五灯会元》卷五《大颠宝通禅师》。

例二：

翠微无学禅师也曾留下了类似的语录。

清平山的令遵禅师（875—919）初参翠微禅师，开口便问：

“如何是西来意？”微曰：“待无人即向汝说。”师良久曰：“无人也，请和尚说。”微下禅床，引师入竹园。师又曰：“无人也，请和尚说。”微指竹曰：“这竿得恁么长，那竿得恁么短。”①

这不仅仅是一条完全超越了常规的“定义”，而且从中找寻不到与咨问内容有所关联的只言片语。禅问世以来，出现了与禅师数量相等的类似“定义”。

那么，禅者又是如何对待被尊为祖师的佛陀呢？禅师嘴上的佛陀也都是如出一辙吗？

例一：

某僧问棹树慧省禅师：

“如何是佛？”师曰：“猫儿上露柱。”曰：“学人不会。”师曰：“问取露柱去。”②

大意为：一位僧人请教棹树慧省禅师：“什么是佛？”师说：

---

① 见《五灯会元》卷五《清平令遵禅师》。

② 见《五灯会元》卷五《棹树慧省禅师》。

“猫儿爬上露柱。”僧百思不解而说：“弟子不明白。”师说：“你去问露柱吧！”

例二：

某僧问灵观禅师：

“如何是佛？”师出舌示之。其僧礼谢。师曰：“住！住！你见甚么便礼拜？”曰：“谢和尚慈悲，出舌相示。”师曰：“老僧近日舌上生疮。”[①]

大意为：某僧问灵观禅师：“什么是佛？”灵观禅师闻之，出舌示之。那个僧人向他礼谢。师见状说：“停下！停下！你看见了什么便礼拜？”僧便答道：“感谢和尚的慈悲，伸出舌头让我看。”师说：“老僧近日舌头上生疮了。”

例三：

某僧问霍山景通禅师：

“如何是佛？”师便打，僧亦打。师曰：“汝打我有道理，我打汝无道理。”僧无语。师又打趁出。[②]

大意为：某僧问霍山景通禅师：“什么是佛？”师闻之便打僧，

---

① 见《五灯会元》卷四《乌石灵观禅师》。

② 见《五灯会元》卷九《霍山景通禅师》。

僧亦还手打师。师说："你打我有道理，我打你没有道理。"僧哑口无言。师又将其打出室外。

例四：

石头希迁禅师（700—790）之法嗣招提慧朗禅师拜师座下，问曰：

"如何是佛？"头曰："汝无佛性。"师曰："蠢动含灵又作么生？"头曰："蠢动含灵却有佛性。"曰："慧朗为甚么却无？"头曰："为汝不肯承当。"①

大意为：招提慧朗禅师拜问石头希迁禅师道："什么是佛？"石头和尚道："你没有佛性。"慧朗禅师闻之反问道："蠢动含灵怎么解释呢？"石头和尚道："蠢动含灵却有佛性。"慧朗禅师又问道："慧朗我为什么没有佛性呢？"石头和尚道："因为你不肯承当。"

例五：

某僧拜问丹霞山义安禅师：

"如何是佛？"师曰："如何是上座？"曰："恁么即无异去也。"师曰："谁向汝道？"②

① 见《五灯会元》卷五《招提慧朗禅师》。

② 见《五灯会元》卷五《丹霞义安禅师》。

大意为：某僧拜问丹霞山义安禅师道："什么是佛？"师说："什么是上座？"僧闻之问："为什么相提并论呢？"师说："谁告诉你的？"

例一中出现的"露柱"（露在外面之柱，指法堂或佛殿外正面之圆柱。与瓦砾、墙壁、灯笼等俱属无生命之物，禅宗用以表示无情、非情等意——译者注）是禅问答中经常被借用的话头，因为它是禅院建筑物内部存在的普普通通的物体。某僧问石头希迁禅师曰："如何是西来意？"石头希迁禅师答道："问取露柱。"僧不解师意曰："学人不会。"师曰："我更不会。"[①]

"如何是禅？""如何是佛？"我们可以由禅林古德针对诸如此类的疑问而做出的回答中明了禅的宗旨。综上所述，与"如何是禅"这一参问相同，参禅者对于"如何是佛"这一参问也各有己见，众口不一。因此，禅师往往利用各种接化手段来启发参禅者领悟。其手段往往不合常理，脱离正常人的思维方式而无法以言辞表达。禅是佛教的一种形式，被认为是佛教的精髓，然而它实际上和佛教的"佛"字似乎沾不上边。

如果我们根据一般常识来判断所谓"禅"的话，那么我们将会感到自身所立足的大地仿佛从脚下消失而去。也就是说，所谓合理的思维方式对于评价禅的"真"与"伪"是毫无用处的，也可以说禅师们所热衷的诸如此类的接化施教手段，完完全全地脱离了正常思维的理解范围。因此，我们只能这样认为：所谓禅的特征完全在于其非合理性，即在于超越了我们合乎逻辑的理解能

---

① 见《五灯会元》卷五《石头希迁禅师》。

力之处。

本来，所谓宗教一般具有仅仅依靠理论而难以完整表述的某种特点，一般往往有赖于“天启”或“信受”。例如，由一切皆无而创造了世界的“神”之存在，既无法从理论上得到证明，也无法根据切身体验而证实，而只能依据信仰来接受。但是，我们绝不能认为禅的非合理性等同于宗教的非合理性。

被称为佛教真髓的禅，到底和“猿猴上树”“猫攀房梁”有何关联？到底和“举眉眨眼”有何关联？“猫攀房梁”又有何具体含义？如果我们面对房梁去寻找答案，房梁又将给予我们怎样的说明和启示？事实上，我们透过禅林古德的诸如此类的话头到底可以得到些什么结论呢？

禅林古德们针对佛陀或禅所代表的真谛而阐述的话头是众所周知的事实。他们嘴上的佛陀不外乎是猫呀、房梁呀等诸如此类的客观存在之物，然而所谓神性、清净性、神圣性等都孕育其中。依据我们普通人的思维观念，这些客观存在之物与“佛”，即与宗教信仰对象相关联的诸般观念毫无瓜葛。也就是说，猫的身上并没有被光笼罩，房梁与十字架也毫不相干。

前边提到过一段公案，古德对弟子耳语：“只有你一个人的时候，我才能把禅的真谛讲给你听。”这样看来，禅的精神真谛，似乎只有通过个人之间的授受才能得以传承；求法弟子依照禅师吩咐向前接近一步、再近一步，仿佛禅的真谛只能如此这般窃窃私语才能加以相传。弟子秉承师命向前两步准备洗耳恭听禅师教诲，不料禅师教示的并不是什么禅法真谛，相反却是所谓“真谛不可言传”之类的说教。这段话头里到底蕴涵着怎样一个事实呢？是弟子没有理解禅师“向前”这一吩咐呢，还是当时弟子并没有“向前”呢？或者是这段话头里还蕴含着更为深远的意境？当禅师脱口说出“这个禅就是有口说不出，有话讲不了的东西呀”，难道不是自相矛盾吗？而弟子对于禅这一真理一无所知的言谈举止不正是“自家撞着”吗？

这段话头看起来像是一出独幕“喜剧”。难道这真的就是一出“喜剧”吗？难道话头中没有蕴藏着人的智慧理性吗？禅师的“无言”教示，以及弟子愚拙的言谈举止中难道没有蕴藏着任何更为深奥的精神哲理吗？

第二段话头也涉及了禅的真谛。禅师避而不谈是否能够用语言将其表达出来，而只是手指竹竿评长论短，丝毫没有提及菩提达摩传入中国的禅法之奥秘。这里又蕴藏着什么启示和教诲呢？可以肯定，竹竿并没有向翠微和令遵传达任何有关信息。但是根据有关文献记载，令遵本人由此而悟出了真理之所在。那么，令遵到底悟出了什么呢？那就是：短竹竿短，长竹竿长，一年四季郁郁葱葱，垂直挺立。时而微风拂煦，竹竿随之摆动，旖旎景色，无以言表。

马祖道一（707—786）被誉为唐代著名禅师之一。某日，一位求法僧登门向马祖求教：

> “离四句，绝百非，请师直指某甲西来意。”①

菩提达摩被尊为中国禅宗初祖。一般认为：6世纪初，达摩祖师从印度东来，最初将禅的思想传入中国。所谓“何为祖师西来意”之问，实际上就等同于“何为禅佛教真理”之疑。

---

① 见《碧岩录》卷八。

这位发问的求法僧是想辨明，所谓断绝了人的思虑分别的“禅”之真理的本来面目到底何在？所谓“四句”即有、无、非有非无、非非有非非无。所谓“百非”，实际上是指《楞严经》中一百零六条关于否定的论述，意味着“全盘否定能够否定的一切”。依此，求法僧所问之意在于：如果否定了所有范畴以及所有条理次序这一切之后，依然存在着绝对终极真谛的话，那么这个所谓的真谛到底是什么呢？禅持有这一真谛吗？如若持有，请师赐教。

借用基督教的用语，所谓绝对终极真理就是“神”或“神性”。瞻仰神的时候，其宗教以及精神上的疑惑意味着终结，其苦恼的灵魂将找到最后的安居之处。这位求法僧的疑惑并非毫无价值的无聊之问，而是由追求真理的心底迸发出来的疑问。

那么，马祖又是怎样回答的呢？马祖云：“我今日劳倦，不能为汝说，问取智藏去。”智藏是马祖高徒之一。该僧闻之，遂趋往智藏处，端出相同疑问。智藏反问道：“何不问和尚？”僧答：“和尚教来问。”智藏闻之曰：“我今日头痛，不能为汝说，问怀海兄去。”

僧遂前往怀海处，提起同样疑问。怀海闻之曰：“我到这里却不会。”僧束手无策而重返马祖和尚处，将前前后后的经过和盘托出。马祖闻后道：“藏头白，海头黑。”①

我们从这段禅的“机缘”或者说“话头”（亦可称之为“因缘”）中可以推测，表面看上去马祖禅师心绪不佳，其门下的一位弟子推说头痛，一位弟子以“不解”而了之，最后，由马祖禅师

① 见《碧岩录》卷八。

“弟子的头发黑白”这句听似直白平常的结论而告终。这些情节看上去无一不是日常经历中不足为奇的琐事，与所谓“真理”“神”以及“本来面目”等深奥的论题看似没有任何关联。对于一位长年炽烈地追求真理的参禅者的疑惑，禅家只能给予诸如此类的解答；而如果禅家并不能够给出相应的答案的话，我们参禅问道的价值究竟在哪里呢？6 世纪初，冒着生命危险横渡南海来华的菩提达摩的禅的妙谛，即“祖师西来意”，是否蕴涵着超越上述“话头”的深层意境呢？

无论如何，禅的宗旨不仅仅体现在非合理性，而且还体现在彰显禅的真理之际而惯用的脱离常规的借机施教手段。所谓非合理性，例如宗教的命题大多属于此类。基督教所倡导的宗旨认为，耶稣作为神子被钉于十字架上从而洗清了人类的原罪。无论从哪一个角度来考虑，这都是一个极端非合理性之举。由于神被视为无所不能，所以造人之际，理应完全知晓人的命运。如果洞悉一切，为什么还要煞费苦心，为了罪恶深重的人类而牺牲了唯一的神子呢？

神的全知全能姑且不论，难道真的找不到除了牺牲神子、将其钉于十字架以外的证明自身全知全能的其他方法吗？如果神与人类具有相同的合理因素，那么为了展示对人类的无限之爱，就没有必要采取变身为人类的不合理的手段。

基督教所主张的“神”这一概念及其救世方略中，存在着许多令人生疑的“非合理性”见解。虽然禅的非合理性有别于基督教，但是在非逻辑性这一点上是完全相同的。例如，禅是这样看待主观行动的，即“我手里拿着一把锄头，但是我的手处于虚空状态。我骑牛去，然而徒步行走”。[1] 这种论调与基督教徒所主张的耶稣被钉于十字架上，三天后又从石窟坟墓中复活了以及耶稣和十二使徒之首彼得行走于水上等论调如出一辙，缺乏逻辑性，有悖于人类的普遍认识和经验。

禅者处理诸如此类问题的方法，从思想史角度来看确实独具特色。禅者不主张运用观念和概念来理解和看待世界，而强调直接具体的体验。每当参禅问道的禅僧尚未理解运用这种最实际、最个体、最富生命力的方法所传承的真谛之时，只能耐心地等待下一个机缘。其间，将始终徘徊于抽象的冥思苦想之中。

然而，禅以外的其他宗教乃至有关精神方面教义的场合，面对任何缺乏逻辑性的命题，一般运用演绎或归纳法，借助抽象化、合理化、假设化等手段来努力验证其真理的合理性。禅师则对诸如此类的方法和手段不屑一顾，而强调付诸“实际行动”，采用效果显著的一对一方法来接化弟子。如果弟子当时不得领悟，禅师则平心静气地耐心等待下一个机缘。弟子一俟机缘成熟则再次登门，换用其他方式向禅师求教。

马祖道一禅师的法嗣洪州水潦和尚初参马祖，向马祖追问禅的真谛曰：“如何是西来意？”祖曰：“礼拜着！”水潦刚跪下礼拜，马祖突如其来地当胸一脚，将水潦踹倒在地，用这种极为粗暴的方式使水潦恍然大悟。当时，水潦从地上爬起来，拊掌呵呵大笑道：“也大奇，也大奇！百千三昧，无量妙义，只向一毫头上，识得根源去。”礼谢而退。

后来水潦和尚住山，经常向大众提起当年马祖给他的当机一

---

① 见《指月录》《白话二》善慧大士偈句。

踹，他说 :“自从一吃马师蹋，直至如今笑不休。”而当大众询问佛教终极真谛时，水潦和尚依旧拊掌呵呵大笑。[1]

禅家主张以身体的姿势代替语言，踏着、掌掴、棒喝等动作语言皆为禅修以及禅师接引学人或传达禅意的一种风尚和模式。诸如此类出乎意料的粗暴激烈的动作往往打破禅修者的恶知恶见，而促使其当下顿悟禅旨。毋庸赘言，动作语言也往往不能当机奏效，而使新参学人陷入无所适从、无可奈何的窘境。

晚唐名僧德山（782—865)，以棒喝禅风峻烈而誉满禅林。德山和尚的口头禅就是“道得也三十棒，道不得也三十棒”[2]。某日，德山上堂示众云 :“问即有过，不问犹乖。”（问佛法大意就错了，以为不问就对了吗？那仍然是在耍小聪明而已！——译者注）有僧出来上前礼拜，德山和尚举起手中棍棒便打。僧抗议而曰 :“某甲始礼拜，为甚么便打？”师曰 :“待汝开口，堪作甚么？”[3]

汉南高亭禅师是归宗智常的弟子。某僧从夹山处来，面向高亭恭敬礼拜。高亭抬手便打。僧曰 :“特来礼拜，何得打某甲。”遂再次礼拜。师再次痛打并将僧驱赶出门。

该僧返回夹山门下，将礼拜高亭和尚的细节一一道来。夹山闻曰 :“汝会也无？”（你知道高亭为什么打你吗？——译者注）僧答曰 :“不会。”夹山曰 :“赖汝不会。若会，即夹山口哑。”（多亏你不晓得。你若晓得了，我夹山就该被当成哑巴了——译者注）[4]

---

① 见《五灯会元》卷三《水潦和尚》。

② 见《五灯会元》卷七《德山宣鉴禅师》。

③ 见《五灯会元》卷七《德山宣鉴禅师》。

④ 见《五灯会元》卷四《汉南高亭禅师》。

某年仲秋之夜，长沙景岑和尚与仰山慧寂禅师（840—916）一同赏月。仰山慧寂禅师指着月空说道："这个人人拥有，只因无明，不能充分使用。"景岑和尚不以为然地回答："既然人人拥有，怎么会没有人充分使用？恰巧今夜机缘巧合，这大好明月，正等着你使用，你来试试看！"仰山慧寂禅师道："用一用月光，倒是很有趣味，请法座先试试看！"

景岑和尚毫不推让，奋身而起，朝着仰山慧寂禅师当胸踏去。仰山慧寂禅师非但不生气，反而赞叹道："法座真像只大虫！"[①]

对于门外汉来说，禅文学较为恐怖，难以接近。门外汉一般将禅视为一种粗暴野蛮、有悖逻辑、毫无实际意义的修行方式，禅家强调的"禅是佛教的精髓"这一主张不外乎是毫无内涵的侈谈。这种观点，可以说是目光短浅的评论家的陈词滥调。回顾历史事实，我们可以明了，禅在中国开宗一千余年以来，繁衍发展，根深叶茂。禅，至今仍然作为促进日本文化发展变化的精神动力，焕发着旺盛的生命活力。

因此，我们可以明确地肯定：禅具有无穷无尽的生命力和隽永的魅力；禅可以揭示生命的本源，唤醒人的内在经历体验，焕发人的旺盛的生命力。

（二）接化手段

禅修及禅师接化参禅问道者的一个极为独特的方式，就是所谓禅"问答"。一般来说，就是弟子设问登门拜师求教，禅师根据学

---

① 见《五灯会元》卷四《长沙景岑禅师》。

人所问作答。有时教学关系也会出现逆转。如上所述，禅师的回答形式并非局限于语言。为什么会产生这种现象呢？这是因为学人的提问和禅师的解答都是在所谓“具体思维”或“灵性情感”领域展开，而不是在抽象或合理主义范围内进行的。

因此，师徒之间不需要借助冗长的语言，也没有必要展开涉及很多领域和层次的讨论。总的来说，“问答”语句虽然简短却寓意深远，直指肺腑心田。它是一种倾注了整个身心之力的宗教行为，而绝对摈弃不断更换理论概念、摆弄辞藻。如果弟子当场不得领悟禅师教诲的真正含义，禅师则将弟子驱赶出门，一对一的“问答”至此告终。

然而，禅门绝不赞成将这种“问答”概念化。这是因为禅的生命价值在于美好的感观，在于以直觉形式觉悟；禅的真谛往往由单独个体之间的相互接触而彰显，所谓禅“问答”的教化意义也正在于此。彻底打垮、横面掴掌、捉襟厉责等可谓粗暴野蛮、毫不留情的接化施教手段，都是单独个体之间相互接触的自然趋势。

也许有人会对禅的真谛的觉悟源于上述接化施教手段而颇感诧异。但是由于禅的接化施教手段并非建立在理论性推究以及概念性说服的基础之上，所以对禅的真谛的觉悟只能源于单独个体的体验本身。所谓单独个体的体验，并非仅仅局限于感官世界的体验，它包括基于心理领域的实际经验。

临济义玄禅师（？—867）曾经有过如下说教：“赤肉团上有一无位真人，常从汝等诸人面门出入，未证据者，看，看！”当时有一僧上前而问：“如何是一无位真人？”临济下禅床捉住胸襟云：“道，道！”其僧生疑踌躇，临济遂立即将僧推开而云：“一无位真人是什么？干屎橛！”说完便归方丈。[1]

临济禅师的“一无位真人”这一观念，明明白白、一清二楚，本无其他任何奥秘。禅师借此要求参禅者在各自心中自证“真人”，即不住于任何阶位的自由自在之人，即人人本来具有的佛性，即无始以来的真我。在此，临济禅师回避言语表现，而以峻烈的接化手段迫使学僧反观自己，直接正视自身，自己加以体会。

参禅者如欲自身证得真人的存在，必须亲自不辞辛劳取据立证。这一取据立证的过程中不存在抽象的辩证法则，而只有血淋淋、活生生的自身体验事实。

临济禅师愠于学僧没有开动脑筋、证得实像的真实本性，而将其打出门外，并怒斥道：“一无位真人是什么？干屎橛！”在临济禅师嘴上，“一无位真人”最终成了一根干屎橛。这里正是合理主义者的归宿地，路旁无名草叶亦可放射丈六佛陀的万道金光。而这一实相的真实本性只掌握在禅师手中。“禅”要求我们每一个参禅者去自身证悟实相的真实本性。

关于自身感悟，耶稣基督主张：“你们若不吃人子的肉，不喝人子的血，就没有生命。”[2]我们可以将持有此种观点的耶稣视为禅者。无论哲学家乃至唯心论者对我们人类的身体存在做出何等解释，我们人类如果不食则将饥肠辘辘，如果不饮则将口干舌燥，这是人类根据自身的经验而感悟出来的具体事实。我们每个人都是血肉之躯，禅活生生地存在于我们的身躯之中。因此，禅师教示何为“禅”时，常常将禅喻为“猛火著油煎”。这个比喻表现了所有参禅

---

① 见《临济录》。

② 见《约翰福音》第六章五十三。

者的现实体验。参禅者须将自身的手指头直接伸入油锅，伤筋动骨地加以切身体验感悟。

修禅还常常被喻为“七转八倒”，即一种难以名状的浑浊生活。这种生活意味着，修禅必须历经心理和精神上的数次危机才可能有所感悟而抵达证悟彼岸。禅的真谛，并非通过轻而易举的智能训练就能有所感悟，必须历经食自己身上的肉、喝自己身上的血这一修炼过程。

关于这一点，有必要加以若干说明。如果说所谓“灵性的生活”是始于耶稣茹毛饮血，那么未免使人产生极端唯物论的感觉以及过于强调身体作用的感觉。然而，禅者则认为，将心灵与躯体相区别，将二者区分为截然不同之物，这是一个极大的错误。从精神物质二元思维角度看待客观存在的事实，历来被视为正确地理解灵性真理的最大羁绊。

与此相关，下面这段话头将有助于阐明禅者关于二元实在观念的看法。学僧参问南泉禅师（748—834）的弟子长沙景岑和尚曰：“如何是佛？”和尚答曰：“众生色身是。”[①] 这段话头中值得注目之处在于，与佛同为一体的是长沙和尚的肉身，而不是一般场合常常被喻为与佛同体的心灵和精神。

所谓佛陀，一般认为与其物质形态的象征即肉体没有任何关联。一般常识认为，肉体是较为卑微之物，“佛陀”二字早已远远地超越了肉体概念。长沙景岑和尚之语直接击中了合理主义常识的要害。禅修的一个主要目的，就是要彻底打破身心二元的思维观念束缚。禅林古德往往注重着力于此。

---

① 见《景德传灯录》卷十。

下面一节引自《景德传灯录》。师偈曰：

碍处非墙壁，
通处勿虚空。
若人如是解，
心色本来同。[①]

偈中的“墙壁”指成为障碍的肉体及物质，“虚空”指心或普遍性。长沙景岑和尚在此否定了二元实在观念。又偈曰：

佛性堂堂显现，
住性有情难见。
若悟众生无我，
我面何殊佛面。[②]

某僧参问长沙景岑和尚曰：“如何转得山河国土归自己去？”和尚云：“如何转得自己成山河国土去？”僧不解和尚之意，和尚又云：“湖南城下好养民，米贱柴多足四邻。”其僧哑口无语。和尚示偈曰：

谁问山河转，
山河转向谁？

---

① 见《景德传灯录》卷十。

② 同上。

圆通无两畔，

法性本无归。[1]

长沙景岑和尚话头中的“两畔”一语指，置身于法性与山河大地以及其他一切有形之物、心灵与躯体、“墙壁”与“虚空无”、佛性与仍为既成观念所束缚的心灵持有者二者之间的迷惑茫然状态。“两畔”就是理智的作用，如果不借助理智的作用，人类将难以进行日常生活，所以应该加以充分利用，而不能使其侵入灵性的领域。

某日，药山和尚（751—834）之师马祖禅师问其徒药山：“子近日见处作么生？”药山回答：“皮肤脱落尽，唯有一真实。”[2] 这段话头中的“一真实”即“真实存在”，并非脱离外观以及现象等而存在着的核心或根本等概念，不能简单地理解为物体自身。“真实存在”并非区别于与其他概念的思虑分别之终极对象，而是一切身心脱落之后的“残物”（并非情愿地使用这一表现——作者注）。这一概念不能从知识作用的层面来理解，它是一个象征性的概念，必须从灵性的层面来解释和领会。这种难以运用贴切而稳妥的词语来表达的禅的经验，即置身于所谓“悟”这一状态之中的“感觉”。

禅者极力主张，单独个体之间的相互接触至为重要，但是这并不意味着无视独处于人心之中的观念作用的特权，换言之，禅者也时常借助于言语的作用。然而，禅与其他精神教示及修炼方式的明显区别

---

① 见《五灯会元》卷四《长沙景岑禅师》。

② 见《五灯会元》卷五《药山惟俨禅师》。

在于，禅完完全全地支配着言语及概念，而绝不是沦为言语及概念的奴隶。禅者十分明了言语及概念对于阐述人类经验的作用，所以因地制宜地驱使言语教化学人。

人，可以区分为“理性型”（homo sapiens）和“活动型”（homo faber）两大类。然而，“活动型”的性质决定此类人往往容易陷入沦为自身所创造的物质的奴隶这一极为危险的境地。人类创造生产了无数工具，有效地运用于各种社会生产活动。但是，人类时常被自身所创造生产的工具制约。其结果是丧失了自身的主人公地位，沦为境遇的卑下奴隶。最为可悲的是，我们自身往往意识不到这一客观事实。这种社会现象明显地体现于思想意识领域。人类创造了无数具有社会价值的理论观念，并且谙熟运用这些理论观念来把握客观世界。但是，我们往往将“观念”误解颠倒为“实在”，将“思想”误解颠倒为“体验”，将“体系”误解颠倒为“生活”。我们虽然明了，无数观念以及概念都是人自身创造之物，而绝非终极实在，然而我们却时常忘却了这一点。禅者对此道理了若指掌，所以禅门的所有“问答”都以放弃概念化的虚伪假面为直接的追求目标。因此，禅往往被误解为“非理性”或“践踏一般客观世界”。

8世纪的中唐时代，禅门居士庞蕴初参马祖，曾问：

> “不与万法为侣者是甚么人？”祖云：“待汝一口吸尽西江水，即向汝道。”①

某学僧参仰山禅师嗣法弟子西塔光穆禅师。僧问：

---

① 见《五灯会元》卷三《庞蕴居士》。

> “如何是正闻？”师曰：“不从耳入。”曰：“作么生？”师曰：“还闻么？”①

我们应当如何理解这两段问答呢？首先，第一段问答涉及了难以做到之事。难道有谁果真能“一口吸尽西江水”吗？没有！因为依据常识经验来判断，这是一个无论如何也办不到的“绝技”，所以是一个毫无解决办法的话头。假设这是一个可以办得到的事情，那么这一假设与所谓“不与万法为侣者”（借用现代语言来解释，就相当于“至高超越者”，即“上帝”或“神”）以及其行为有何关联呢？

禅林古德所言之意在于，如果打乱为日常经验所制约的客观秩序，就能够理解“至高超越者”；还是在于，所谓“吸尽西江水”，仅仅象征彻底地否定一般现实世界；或者在于，“至高超越者”能够到达这一“绝境”呢？显而易见，古德并没有去开动脑筋、冥思苦想。古德提出的“吸尽西江水”这一要求，其背后并无任何引经据典之意。它与“来，来，来！来喝茶！”等诸如此类的日常用语一样，只是古德信口而出之语。对于马祖来说，“不与万法为侣者”绝不是一个抽象的概念，而是实实在在、随处可见的世间万物。

有僧参问赵州和尚（778—897）：

> “如何是祖师西来意？”师（赵州）曰：“庭前柏树子。”曰：“和尚莫将境示人。”师曰：“我不将境示人。”曰：“如何是

① 见《五灯会元》卷九《西塔光穆禅师》。

祖师西来意？”师曰：“庭前柏树子。”[1]

赵州和尚的回答随口而出，其背后既无理性的踌躇，也无机械化的模式。马祖的“西江水”与赵州的“柏树子”如出一辙，都是极为自然的表露。

前述的“如何是正闻”这一问答的思路略微有别于“西江水”之问。在暗示否定主义这一点上，前者的意图较为明显。当禅师口称所谓“正闻”“不从耳入”时，其脑海中可能显现了《般若波罗蜜多心经》所倡导的否定理论。依据此经，般若（至高智慧，或大智——作者注）非般若，故而般若为般若（即非般若波罗蜜，是名般若波罗蜜——作者注）。光穆口称“正闻”“不从耳入”时，其脑海中可能显现了这一至理吧？如果事实的确如此，那么就不能称其为禅者。这是因为，在禅的世界里，抽象、辩证法、智慧等是不存在的。耳闻钟声，人们一般毫无踌躇地脱口而出：“我听见钟声了！”眼观鲜花，人们一般毫无踌躇地脱口而出：“我看见鲜花了！”

光穆的脑海中并非在思考什么般若哲学，他的经验往往基于自身的直率、直觉以及审美式的理解，所以不存在任何哲学形式的反省。因此，他完全洞察参学僧尚未理解自身的答意，从而间不容发地反诘：“你听到了吗？你知道吗？”禅者的见性慧眼洞察了参学僧的感觉世界。可以肯定地认为，光穆的慧心绝对没有脱离感觉世界的直观。

---

① 见《五灯会元》卷四《赵州从谂禅师》。

（三）本来面目

所有宗教形式的体验都具有其独特性，其理由之一在于，这种体验往往不能运用常识性理论加以说明。此外，正如包含于宗教体验中的某些事实所暗示的那样，我们每个人的主观意识以及生存状态中存在着运用推理手段难以分析揭示的道理和现象。导致其结果出现了所谓“信仰”“天启”“超自然”崇拜等诸般观念。从这一点上来说，禅与其他宗教形式的体验具有同样的独特性。

然而，之所以将禅称为具有特殊意义的独特的宗教形式，其缘由在于禅的方法论。禅的方法论不仅由一系列似是而非、矛盾、有悖逻辑的概念所构成，而且具有与我们的日常生活体验至为紧密连接的功能。

一般来说，宗教倡导世人信仰神灵，或者信仰其他超越人类的某种偶像。其缘由何在呢？这是因为，正是诸如此类的所谓“至高超越者”能够做出某些骇人听闻之举，但是禅者彻底扭转并推翻了这种思维模式。禅者首先亮出与感觉世界具体相连的奇异之举，并以此作为探求抵达事物本源的手段。

禅者往往颠倒黑白，将黑说成白，将白说成黑，将水流说成桥走。禅师手中笔直的拄杖在禅者嘴里被说成弯弯曲曲、木马嘶鸣、石女起舞，凡此种种，不一而足。在诸如此类的言语文字的攻击下，我们的正常思维往往失去平衡而手足无措。禅师则及时捕捉住学人有失平衡这一瞬间，竭力而强制地引导出涉及正确解答的话头。然而，这种解答不论肯定抑或否定往往都难以得到禅师的首肯。

禅师善以拄杖为接引教化学人之手段。德山示众云：“道，道！道得也三十棒，道不得也三十棒。”[①] 这段话头中的“道，道！”就是催促参禅者要“想方设法说出来”“想方设法做出来”如果知晓如何摆脱这一窘境的办法，也就找到了使禅师心悦诚服而首肯的表现方式。

禅，可以称之为一种经验。有人认为，禅的独特的宗教形式在于这种经验的独特性，这种说法未必妥当贴切。我个人以为“禅，并非主观世界必须经验之物；禅，也并非客观世界必须经验之物”这一观点较为可取。

通俗地讲，所谓“经验”和“体验”是指我们自身客观存在的一部分。既然是我们自身客观存在的一部分，自然存在着主观能动的体验以及客观被动的体验。

禅并非这种经验，并非部分或片段的经验。所谓禅的经验涵盖经验存在的始终。经验存在的整体通过改观换貌，其中的一端方才获得其存在的依据。在经验存在整体改观换貌的过程中，旧貌将荡然无存。从外观上看，“我”没有发生变化，依然存在原来的五官，持有原来的智能和感性。“我”所处的世界依然与以前保持原有不变的关系，如同河川流淌、大海波涌、山峦高耸、鸟类啼鸣、鲜花锦簇、禽兽奔逐。

虽然我们周围的景色依然如故，但是“我”却并非相同的“我”，世界也并非相同的世界，某些地方已被改观换貌。这种改观换貌，难以简单地用“经验”二字加以概括。因为，所谓“经验”属于心理层次，而禅所主张的改观换貌属于形而上学层次，或者可以称其为实际存在，它超越了心理层次。禅确实存在着心理学

---

① 见《禅林类聚》卷第六。

方面的因素，但是它超越了心理学层次。禅如果止步于心理学层次，那么所谓“石女起舞”和“木马嘶鸣”等现象，只能称其为精神病学的一个病例而已。

根据上述解析，可知这种改观换貌就是禅家所主张的“经验”。因此，我们应该依据这一“独特”的立场和观点，来仔细地品味和把握禅文学的整体。

有僧问禅师：“如何是佛本来面目？”禅师闻之不语，伸出舌头示之。僧似乎有所领悟，面向禅师礼拜致谢。禅师见状云：“等一等，等一等！你悟到什么了吗？为何礼拜呢？”僧恭敬言之：“谢和尚慈悲，出舌示相。法身遍及四方，无所不在。”①

所谓“本来面目”，就是众生诞生之前所持有的面目，“亚伯拉罕在世之前”的耶稣的面目也与此相同。这是一则初学者经常参究的公案。

这则问答，表面上只是闭眼伸舌这一荒唐无稽的动作，看起来好像哄骗孩子一样，说它有趣，倒是略有一些趣味。但是，其中究竟蕴涵着哪些可以促使参禅者认真思考的因素呢？

“本来面目”这一话头具有极为重要的意义，绝不可以将其视为天真幼稚、饶有趣味的儿戏。这是一个必须加以深思熟虑并经年累月探索的哲学研究的严肃命题。那么，究竟为什么这样一个需要禅者投入身心去孜孜参究的主题，却被如此轻率而漫不经心地对待呢？

这是因为，禅师并没有将这一主题诉诸抽象思维和概念作用，而是将其迅速地拉入自身的舞台。禅师的内心深处理应怀有将这一主题与实际存在的妙谛相结合的某种因素。眨眼、伸指、出舌

① 见《五灯会元》卷四《乌石灵观禅师》。

等身体动作看似荒唐无稽，然而在禅师的眼中，却恰似惊天动地、不可轻视、严肃艰巨、极为重大之事，宛如一道来路不明的闪电在空中霹雳作响，瞬间夺走了数以千万计的生命。这是一个促使世间一切具有思考能力之人深思熟虑的重大事件。如果从物理法则和道德规范的角度来讲，没有任何能与禅师的眨眼、出舌等举动相提并论之物。

然而，如果从来源于实际存在的禅者的观念来看，二者都如同吹拂桌上微尘之举。世间的的确确存在着人的心理、道德、善念等无能为力而不可抵达的世界。在这个世界中，唯有神独处其中，静观天下之人的激情、烦恼、愚行。

这个神的世界，与世人如同朝露般地生来死去的世界绝非异处，这就是神秘中的神秘。毋庸赘言，禅师也同样生存于这个尘世之中，而禅师与其他人的差异之处在于理会了这一事实，禅师的一言一行、一举一动时刻与此相关。因此，凡人看似毫无意义之事，禅者则由于理会了其中的妙谛而使其富有非凡之意。

从下列问答中，我们也许能够寻觅到映衬上述论点之处。

沩山（771—853）问云岩（782—841）："菩提以何为座？"

> 岩曰："以无为为座。"岩却问沩山，山曰："以诸法空为座。"又问师："作么生？"师曰："坐也听伊坐，卧也听伊卧，有一人不坐不卧，速道。速道。"山休去。

别日，沩山问师："甚么处去来？"

> 师曰："看病来。"山曰："有几人病？"师曰："有病底，

有不病底。”山曰：“不病底莫是智头陀（指道吾）么？”师曰：“病与不病，总不干他事，速道速道。”山曰：“道得也与他没交涉。”①

沩山如此结束了这段话头。

有僧问道吾：“如何是今时着力处？”

师曰：“千人万人唤不回头，方有少分相应。”曰：“忽然火起时如何？”师曰：“能烧大地。”师却问僧：“除却星与焰，哪个是火？”曰：“不是火。”别一僧却问：“师还见火么？”师曰：“见。”曰：“见从何起？”师曰：“除却行住坐卧，别请一问。”②

以上这段问答，究竟要达到什么目的？

这就是“不坐亦不卧”的开悟之座，“不拘病与不病”之人，“烧尽宇宙万物，超越见与不见”之火，“由不行、不立、不坐、不卧态势而发问”之人，这就是令人皤然醒悟之处。

如果我们窥见了这一神秘的事实，我们就绝不可能缄默不语，必将直下道来使宇宙万物燃为灰烬，而山峦、河川、繁星却依然如故之“火”的妙谛。“道”“速道”“道一句”等，皆为禅师喜好言辞，寓意深邃、作用巨大。禅师力图借用这些言辞向参禅者提供确确实实地超越了善与恶、是与非、彼与我的证据。

---

① 见《五灯会元》卷五《道吾宗智禅师》。

② 同上。

然而，这一超越并非仅仅脱离了二元思维方式，而是由绝对立场出发，以某种意图来评价二元思维方式。禅者倡导并非依据概念化，而是依据实际状况把握这一绝对立场。正因为如此，用于表达、解释、疏通禅之妙谛的言辞一般较为具体，隶属于日常经验范畴。

我认为，从所谓灵性的经验范畴角度来讲，禅的独特性在于运用极为具体、极为自然、极为现实的方式（某种场合，也时常运用非现实方式——作者注），揭示阐明深远而抽象的哲理，而不提倡推理和假设。

综上所述，所谓宗教的哲理一般运用反论来表现，禅也毫不例外。但是，禅的特色在于采取直率的表达方法，运用日常的事例来揭示、阐明宗教的哲理。

基于以上肤浅论述，我们或许在某种程度上大体地把握了禅的本来面目，或许也了解了决定禅的特异性的若干要素。

但是，也许一部分读者会得出这样的结论：基于禅的生活并非普普通通的生活，而是一种令人瞠目结舌且与众不同的生活。这种看法不足为取，因为基于禅的生活与人世间的其他生活毫无二致，是一种极为普通正常的生活。

事实上，普通而正常的生活就是禅，其反面就不是禅。例如，无论如何深入禅门，禅者的日常生活都与邻人的生活毫无二致。如果禅的生活中存在着与其他日常生活相异的内容，那么这种内容只属于其人自身的内在生活。

禅的精神生活具有三个特性，即存在、思维、欢喜。sat 是存在或真实性，cit 是思维或自我意识（并非单纯的自我意识——作者注），ānanda 是真正的喜悦。关于这一点，我将在下面的章节中加以详细论述。

（四）公案问答

考察比较典型的禅门公案问答，将有助于我们进一步了解禅林古德的思维方式及禅的至上妙谛。为此，摘抄几则公案问答如下：

例一：鄂州茱萸山和尚（其一）

金轮可观和尚问："如何是道。"师云："莫向虚空里钉橛。"观云："虚空是橛。"师乃打之。观捉住云："莫打某甲。已后错打人在。"师便休。①

例二：鄂州茱萸山和尚（其二）

赵州从谂和尚先到云居。云居问曰："老老大大，何不觅个住处。"谂曰："甚么处住得。"云居曰："山前有个古寺基。"谂曰："和尚自住取。"后到师处。师曰："老老大大，何不住去。"谂曰："什么处住得。"师曰："老老大大，住处也不知。"谂曰："三十年弄马骑，今日却被驴扑。"②

例三：苏州西山和尚

僧问："三乘十二分教则不问，如何是祖师西来的的意？"

① 见《景德传灯录》卷十。
② 同上。

师举拂子示之。其僧不礼拜去参雪峰。雪峰问："什么处来？"僧云："浙中来。"雪峰曰："今夏在什么处？"曰："苏州西禅。"雪峰曰："和尚安否？"曰："来时万福。"雪峰曰："何不且从容。"曰："佛法不明。"雪峰曰："有什么事？"僧举前话。雪峰曰："汝作么不肯？"僧曰："是境。"（所谓"境"，即"区域"或"范围"之意，源于梵文，禅家多指欠缺主体性之人。"境"与"外界"相对——作者注）

雪峰曰："汝见苏州城里人家男女否？"曰："见。"雪峰曰："汝见路上林木否？"曰："见。"雪峰曰："凡睹人家男女大地林沼总是境，汝还肯否？"曰："肯。"雪峰曰："只如拈起拂子汝作么生不肯。"僧乃礼拜曰："学人取次发言，乞师慈悲。"雪峰曰："尽乾坤是个眼，汝向什么处蹲坐？"僧无语。[1]

例四：赵州观音院从谂禅师（其一）

（赵州）问南泉（748～834）："如何是道？"南泉曰："平常心是道。"师曰："还可趣向否？"南泉曰："拟向即乖。"师曰："不拟时如何知是道？"南泉曰："道不属知不知。知是妄觉，不知是无记。若是真达不疑之道，犹如太虚，廓然荡豁，岂可强是非邪？"[2]

例五：赵州观音院从谂禅师（其二）

① 见《景德传灯录》卷十。

② 同上。

（赵州）问南泉："知有底人向什么处休歇？"南泉云："山下做牛去。"师云："谢指示。"南泉云："昨夜三更月到窗。"[①]

例六：衢州子湖岩利踪禅师

师中夜于僧堂前叫："有贼！"众皆惊走。师到僧堂后架把住一僧叫云："维那，捉得也！捉得也！"僧曰："不是某甲。"师曰："是即是，只是汝不肯承当。"[②]

例七：云际师祖禅师，初参南泉普院和尚

问："摩尼珠，人不识，如来藏里亲收得。如何是藏？"

泉曰："与汝往来者是。"

师曰："不往来者如何？"

泉曰："亦是。"

曰："如何是珠？"

泉召："师祖。"师应诺。

泉曰："去！汝不会我语。"

师从此信入。[③]

例八：天台山云居智出禅师

---

① 见《景德传灯录》卷十。

② 同上。

③ 见《五灯会元》卷四《云际师祖禅师》。

僧继宗问："见性成佛，其义云何？"师曰："清净之性，本来湛然。无有动摇。不属有无、净秽、长短、取舍，体自翛然。如是明见，乃名见性。性即佛，佛即性。故曰见性成佛。"曰："性既清净，不属有无，因何有见？"师曰："见无所见。"曰："既无所见，何更有见？"师曰："见处亦无。"曰："如是见时，是谁之见？"师曰："无有能见者。"曰："究竟其理如何？"师曰："汝知否？妄计为有，即有能所，乃得名迷。随见生解，便堕生死。明见之人即不然。终日见，未尝见。求名处体相不可得，能所俱绝，名为见性。"曰："此性遍一切处否？"师曰："无处不遍。"曰："凡夫具否？"师曰："上言无处不遍。岂凡夫而不具乎？"曰："因何诸佛菩萨不被生死所拘，而凡夫独萦此苦？何曾得遍？"师曰："凡夫于清净性中计有能所，即堕生死。诸佛大士善知清净性中不属有无，即能所不立。"曰："若如是说，即有能了不了人。"师曰："了尚不可得，岂有能了人乎？"曰："至理如何？"师曰："我以要言之，汝即应念清净性中无有凡圣，亦无了不了人。凡之与圣，二俱是名。若随名生解，即堕生死。若知假名不实，即无有当名者。"

又曰："此是极究竟处。若云'我能了、彼不能了'即是大病。见有净秽、凡圣。亦是大病。作无凡圣解，又属拨无因果。见有清净性可栖止，亦大病。作不栖止解，亦大病。然清净性中，虽无动摇，具不坏方便应用，及兴慈运悲，如是兴运之处，即全清净之性，可谓见性成佛矣。"继宗踊跃，礼谢而退。[①]

---

① 见《景德传灯录》卷十。

例九：雪峰高足福州玄沙师备禅师（835—908）

师一日拈起萝卜问僧："者个萝卜你作么生？"

前后可百余人下语，悉并不契。

后有元昌对云："某吃，和尚。"

师云："吃什么？"

昌云："吃萝卜。"

师云："知得，知得。"

师又云："我比来问你诸人是个吃底物，是你不会了。只管觅对话，有什么了期？我今直向你道，承言须会宗。吃是吃底，用是用底，莫与么黑白不分。我时时向你道，直须辨缁素，莫与么侊侗，无有是处。我一日十二时中未曾不将为事，犹尚如此。莫道下一转语得了，也是寻常。若与么，一任诸人高飞远扬，不用在者里打蹬。"

有僧却将萝卜出，回山。问："和尚作么生？"

师云："只要你吃。"

僧云："如何是吃底萝卜？"

师云："你饱我饱。"①

例十：玄沙上堂示众云：

"诸仁者，一法不成一法，异法不成异法，还会么？若不会，也是不会。若会，也是不会。诸仁者，有什么省发处？若

① 见《玄沙师备禅师广录》。

省发，也只如然。若不省发，也只如然。上座，是何道理？便得与么难会，见闻觉知恒然。诸仁者，如此语话，是何言句？明明地，诸人须是一如始得。”

有僧问：“如何是一法？”

师云：“异法。”

僧云：“如何是异法？”

师云：“一法。”

问：“如何是佛心？”

师云：“众生心。”

僧云：“如何是众生心？”

师云：“佛心。”

僧问：“如何是学人自己？”

师云：“用自己作什么？”

僧问：“道人相见时如何？”

师云：“我又何曾识汝。”

僧问：“如何是玄沙正主？”

师云：“你是主。我是客。”

僧云：“为什么如此？”

师云：“你问什么？”①

---

① 见《玄沙师备禅师广录》。

第三篇

明心见性

禅

（一）如何是悟

“悟”这一经验对于理解“如何是禅”至为重要。这是因为如果没有“悟”，我们则将难以正确地看待和理解常常以反论方式表现出来的禅的妙谛。

> “雪覆千山，为甚么孤峰不白？”①
>
> “清净行者不入涅槃。破戒比丘不入地狱。”②
>
> “世间知者我亦得知。世间不知我亦悉知。”③
>
> “露柱尽日往来，我因甚不动？”④
>
> “有力量人因甚抬脚不起。”⑤

---

① 见《五灯会元》卷十三《曹山本寂禅师》。

② 见《文殊师利所说摩诃般若波罗蜜经》。

③ 见《大般涅槃经》。

④ 见《大灯国师语录》（思文阁出版）。

⑤ 见《佛祖历代通载》第二十卷《灵隐松源禅师》（《大正藏》第四十九册）。

以上这些禅家开示语，都摆脱了正常的思维逻辑或合理框架的束缚。如果力图理解和把握这种思维方式，就必须达到大彻大悟的境地。禅师有目的地提出这些与事实有所关联的语句，试图混淆执着于常识经验的尚未觉悟者的视听。

如果他抵达了见性证悟境界，这种非合理性认识则将销声匿迹，而回归理论与常识的水平状态。人们常说，狩猎者入深山而不识山峦的真面目。这是因为，如果想要观察和了解整个山脉的叠嶂起伏形态，就必须站高而望远。“禅悟”成功地运用了这一手段，将参禅者从局部环境中分离出来，引导其展望并把握全局。

然而，这并不意味着“悟”永远都将其抛掷于“悟”的作用之外，因为如果这样的话，将陷入以二元思维方式解释“悟”的困境。这是因为，“悟”既具有超然性，还具有内在性。事实上，“悟”作用于“主体即为客体、客体即为主体”这一着眼点之上。或者可以这样认为：如果没有这一“同一性”，也就不存在“悟”。大彻大悟之中，存在着“超然性即为内在性、内在性即为超然性”这一着眼点。狩猎者既在山中又在山外，一步也没有离开那座山。

然而，我们应该了解：“悟”既不是单纯的智能训练，也不是将理论上清晰明了的对立物转化为合理命题的一种辩证法。

正如丹麦的基督教思想家克尔凯郭尔所分析论断的那样：“悟也是实际存在的思维方式，而不是一种辩证法；它并非依据逻辑性公式和抽象作用而发挥效用，而是其自身所显现的具体事实。”所谓“桥流水不流”① 这句偈语，对于见性开悟者来说，并非“反

---

① 见《指月录》中《白话二》善慧大士偈句：“空手把锄头，步行骑水牛，人在桥上过，桥流水不流。”

论”，而只是将其现实生活中的实际经验直接付诸于语言表达。克尔凯郭尔曾经指出：“所谓信仰就是一种自身实际存在的飞跃，悟也是如此。”“信仰”一词蕴涵基督教的感觉韵味，而如果借用特殊语句来表达“悟”这个字的内涵的话，那就是“禅”的感觉韵味。从经验上来讲，我以为“信仰”和“悟”可以视为同一概念。

禅修者当下所面临的究竟是一个什么世界呢？它是不能够归纳解释为原子等概念的“未分化连续统一体”（continuum），即“分别意识发生作用以前的境界”。如果我们“体验”了这一“未分化连续统一体”，它将分化为无穷无尽的原子；这一分化过程基于感觉的极限性和意识的结构。通常，我们往往疏忽了这一事实，以为感性和理性经验实际上就是终极目标而依此进行日常生活。然而，有人深思熟虑这一事实，创造了概念的世界，并在其中将一个“未分化连续统一体”加以概念化。

但是，由于这是一个理性区分的结果，所以其思维行动连续过程的固有状态并没有被我们理解。因此，对于我们来说，所谓“神”并非直接经验对象。“神”是逻辑思维臆测出来的产物，可以想见而不能够看见。由想见而至看见的这一阶段并不是一个连续的过程，而是一个飞跃。无论各个局部“原子层次”的经验如何反复，处于整体层次上的具体的“未分化连续统一体”却全然不成为经验事实。我们有必要直接感知具体的整体层次的固有状态。

整体层次的固有状态不因积累而得到理解，而依据积累得到的对整体层次的认知只不过是添加部分。不论这种添加累积过程如何反复，依然只不过是无有穷尽的填补。我们应该将笼统的整体层次作为具体的整体层次加以直接理解把握。然而，如果这种方式属于理解把握局部或原子层次局部的方式的话，则将有害于对整体层次的理解和把握，而转化为整体的一部分。

由于依据某一部分而理解把握的整体，作为一个总体而无限膨胀发展，囿于思维方式所决定的理解能力，我们对此将永远难以把握。虽然可以不加分割、不加分离地无限添加累积，然而作为理解能力的具体对象的“未分化连续统一体”不能属于具有特殊性的世界。这种“未分化连续统一体”属于其他世界的存在，而形成一个自身世界，只有超越依靠感性和理性所支配的日常生活的经验，即依靠自身实际存在的飞跃，我们才能够抵达这个世界。这个飞跃就是禅家所说的“悟”。

综上所述，所谓“悟”就是将“未分化连续统一体”原封不动地加以理解把握，而不是依赖于区别和限定。但是，不能将作为“悟”的固有对象来理解把握的“未分化连续统一体”，判断为与日常经验的每一个事物状态相对立之物。如果这样判断的话，“悟”将不成为“悟”，而成为一种感觉经验，将等同于在本来具有的“未分化连续统一体”之上另行打造一个新的“未分化连续统一体”，而且必须将这一打造过程无穷无尽地重复下去。

我们应该切记这样一个极为重要的事实，即“悟”不仅仅将“未分化连续统一体”视为未分化及未限定的概念，同时将其视为被无限地分化并限制的概念。这个事实意味着，“悟”绝不是一个与感性和理性世界相互矛盾的概念，“悟”绝不否定世间各种各样的经验。

“空手把锄头”[①]这一偈语，并不意味着与现时手中握着锄头这

---

① 见《指月录》中《白话二》善慧大士偈句：“空手把锄头，步行骑水牛，人在桥上过，桥流水不流。”

一事实相互矛盾，“双手空空”与“手握锄头”这两个分别不同的局部经验，在事物整体上一脉相通；与事物整体一脉相通才产生了毫不相互矛盾的事实。

通过“悟”来否定日常生活中经验的诸般事实，这是为了使我们自觉地认识到“神”的手中也握着锄头这一状态。当我们通过“悟”而自觉地认识到，握着锄头的是“神”的双手而不是自己的双手时，我们所做出的任何行为都将与超越自身者相通，并反映出超越自身者之意志。因此，基督教徒信奉“不要从我的意思，只要从你的意思”。[①]他们一般遵循伦理道德法则，其言论建立在肯定常识性经验的基础之上。在这一点上，“悟”反映了佛教的一般特性，尤其反映了般若哲学的特性。

般若（最高智慧）的思维方式始于否定一切。但是，般若思想的出现并不是为了创建一个哲学体系，而是为了将世人从所有利己的冲动和永恒的观念中解放出来，从而获得自由。为何如此言说呢？这是因为利己的冲动和永恒的观念是使人类陷入悲惨境遇的根源。人类的智能极难完全驾驭，人类的精神状态极不健全。佛陀认为，这一切都是由无明所生。“悟”就是“自觉”（或曰“正觉”），“悟”与“无智”和“愚昧”截然相反。

“正觉”的作用，在于“灵性”地阐明我们所经验的诸般事实，而不是否定或排斥这一切。普照“未分化之场”的觉悟之光同样普照差别与纷纭的世界。基于此种认识，佛教徒主张差别与平等为同一概念。

具有哲学精神涵养而孜孜不倦地思索探求之人都谙熟“芥子可

---

① 见《马可福音》第十四章。

纳须弥”① 这句名言。但是，当你见性开悟以后，这一奇迹将时时刻刻显现于你的人生舞台。至少在某一点上，佛教与基督教的严格区别就在于对待奇迹的解释方法。

佛教徒，尤其是禅者生活中的奇迹连绵不绝。他们有别于耶稣之处在于，耶稣只在某一特殊的场合、某一特殊的时间内创造奇迹。耶稣只是在耶路撒冷捕捉了大量的鱼类，制作了大量的面包；只是在格拉森及其他地方驱除了为数众多的恶鬼。基督教徒不能够做出超出耶稣行动范围的举动。同样，他们也不能够将自己的生涯演化为一大奇迹。

赞岐出身的妙好人庄松（1799—1871，现香川县市井百姓出身的净土真宗虔诚信徒——译者注）对于世人“基督教将突如其来地蹂躏日本列岛”的担忧不以为然，回答说：“我对此并不介意，因为没有任何超越将无数罪孽深重的凡夫化为佛陀的宗教。”庄松所言之语本身难道不就是一个奇迹吗？我们世间所有罪恶深重的凡夫以现世之身化为开悟者，这就是一个伟大的奇迹。佛教，尤其是禅宗将通过开悟而创造这一奇迹引以为豪。佛教用语将所谓“奇迹”称为“不可思议的解脱”。

谈到这里，也许有人不禁发问：“为什么仅仅些许的觉悟就能够成就如此奇迹呢？在理性、肉体、道德以及其他所有范畴都受到各种因素制约的凡人，为什么能够成就无比惊人的奇迹呢？”我认为，假如“悟”与眼观和耳闻相同，是通过某种特殊的精神能力所达到的特殊行为的话，就绝不可能正确地理解和把握“未分化连续统一体”。依据这一手段而悟得的“未分化连续统一体”，只是为数

① 见《维摩经·不可思议品》。

众多的对象中的某一个对象，只是由为数众多知性中的某一个知性加以特殊化了的“未分化连续统一体”，最终将销声匿迹于思维行动的连续过程之中。但是“未分化连续统一体”中依然残存着必须理解和把握的其他思维行动的连续过程。至于“悟”，则将化为直觉行为或形式，禅并不另行创造这种奇迹。

在开悟过程中，“未分化连续统一体”并非是顺从理性作用和区别作用的过程。这不是某种概念，然而我们有必要将其视为某种概念来讨论。所谓“悟”，就是认知“未分化连续统一体”完全成为“未分化连续统一体”自身的一个组成部分的思维方式，“悟”的意义就在于此。

因此，“悟”这一思维方式之中没有主体与客体之别，觉证悟到之物就是觉悟，觉悟就是觉证悟到之物，二者完全处于同一状态。我们知道，甚至同一性这个概念都极为容易导致将同一性假定成为由于直觉作用而同一化了的两个概念。因此，我们不能将“悟”与直觉相混淆。宇宙起源说认为，宇宙起始于一个物质质量为零的能量存在体，所以并不存在“二”这一概念。继而，分裂产生神，然而神非为神，神这一概念之所以形成自觉，在于人的理性作用。

正因为如此，禅始于否定，即由否定知识与制约于分裂作用的人的经验彻底相互矛盾出发。由此，禅家觉悟到：神原封不动地保持自身固有状态，而绝不迈出任何通往非神的脚步，这是抵达神性无底深渊的唯一途径。

因为我们现在不能够涉及直觉以及同一性等概念，所以只能处于绝对的自我同一性的状态，指示或暗示这些概念的最为雄辩的方法就是沉默。但是，自身人为的沉默动辄将招致各种误解，而容易因此陷入虚伪。基于这一理由，禅家依赖下述“反论”来表达旨意：

“亿劫相别而须弥不离，尽日相对而刹那不对。”①

“悟向朕兆未生已前。”②

“东山水上行。”③

“僧问洞山：‘寒暑到来，如何回避？’山云：‘何不向无寒暑处去？’僧云：‘如何是无寒暑处？’山云：‘寒时寒杀阇黎，热时热杀阇黎。’”④

以上列举的禅家言语施教方式，与其认为与感性和理性认识毫无相互矛盾意图，不如说这就是所谓“悟”的最为自然的言语表达方式。或者可以认为，这就是重新肯定我们的实际经验的禅的借机教化方法。

事实上，上述话头并非源于依赖理性而扭曲了的观点，而是产生于一个整体观念。在这个整体之中，从各个实体以及区别层次上来理解把握实际存在，同时将其作为一个既无差别也无限定的思维行动的连续过程来理解和把握。禅师只是一个与由见性证悟而获得的境界相称，毫无任何神秘感和奇迹感的普普通通的凡人。禅师与所谓市井百姓毫无二致，他们遵循常规习俗来表达思想和意识，举止平易近人，与普通人一样起居饮食。

---

① 见《大德寺志》。

② 见《五灯会元》卷十四《长芦琳禅师》。

③ 见《五灯会元》卷十五《云门文偃禅师》。

④ 见《碧岩录》第四十三则。

禅林古德好用拄杖接化学人。长庆慧棱禅师（853—932）一日上堂，拈拄杖示众云："无边妙义尽在拄杖头上，须是识得这个始得。"可以说，这句开示语言简意赅、明明白白。禅，就如同一根拄杖，知晓了这个拄杖也就理解和把握了"未分化连续统一体"，其中并无任何不可思议之处。

潭州石霜诸禅师至道吾智禅师（779—835）处参学，问曰：

> "和尚百年后，有人问极则事，如何向伊道。"智唤沙弥，沙弥至。智曰添净觑水著。却问诸曰："汝适何所问。"诸理前语，智即起去。诸于是悟其旨。[①]

这段问答，对于我们现代人来说也不过是极为普通的日常应酬。这是早在"神"的指令灵光迥耀之前，道吾业已证得的至为深奥之"悟"。

龙潭崇信参学天皇道悟禅师（748—807）门下三夏，却不曾接受过道悟的开示。有一天，他请教道悟说："某自到来，不蒙指示心要。"道悟回答说："自汝到来，吾未尝不指汝心要。"崇信未解师意而疑惑地问："何处指示？"道悟说："汝擎茶来，吾为汝接。汝行食来，吾为汝受。汝和南时，吾便低首。何处不指示心要？"崇信低头沉思道悟所言良久。道悟当即唤醒崇信："见则直下便见，拟思即差。"崇信这才顿悟禅旨。[②]

这是一则值得注目的公案。从某种意义上来讲，看似最为庸庸碌

① 见《禅林僧宝传》《潭州石霜诸禅师》。

② 见《五灯会元》卷七《龙潭崇信禅师》。

碌、毫无宗教色彩的日常生活琐事，在这里变成了具有深邃精神含义的参禅话头。犹如在天之“神”降临世间，以和颜爱语循循善诱，接化凡众。

禅师手中的拄杖以迥异常情、超越自然的形式显发妙用，即化为“龙”，化为一条可以一口吞下乾坤的“龙”；同时，这根拄杖还象征着无数不足以为道的日常生活琐事。拄杖成为圣贤与凡夫之间至为便捷的施教工具和手段。

禅林古德中，是云门禅师将拄杖化为欲一口吞下整个寰宇之龙的。“拄杖化龙”这则公案为云门宗之祖云门文偃（864—949）手拈拄杖，对大众垂示自在之妙用：

> 云门以拄杖示众云：“拄杖子化为龙，吞却乾坤了也，山河大地甚处得来？”①

对学人来说，上述施教话头中的所谓“神”已经不是那副令人生畏战栗的“权威”面孔，而以亲切和蔼、平易近人、值得崇爱的焕然一新的面目显现在他们眼前。“悟”通达苍穹大地、天涯海角，转身一头跃入浑浊的“未分化连续统一体”。凡人一般会认为，这是超越平庸无为的日常生活之举，然而，我们面对的却是这样一个活生生的事实：所谓“悟”只不过是我们每一个人手中已经持有之物，它是即使只字不识的“乡下人”也看得到、摸得着的实在之物。

关于前述的天皇道悟禅师示以龙潭崇信的“精神”教训（心

① 见《碧岩录》第六十则。

要——作者注），白云守端禅师（1025—1072）有诗为赞：

脱白投师贵苦辛，
擎茶问讯尽躬亲。
无端再叙三年事，
笑倒街头卖饼人。[①]

（二）把握当下

禅者认为，当“永恒”契入“时间”之际方可证悟，归根结底与“时间”契入“永恒”之中为同理。

“时间”意味着差别，即分化与限定，而“永恒”则意味着平等，即无差别。所谓“永恒”契入“时间”之中，即意味着平等与差别为互相相即关系。如果借用《华严经》中的语言来表述的话，就是所谓“理（本体）事（现象）融通无碍，相即相入”。但是，由于禅不与概念式思考以及所谓“实存式思维”方式为伍，所以，可以认为“悟”发生于意识实现了“一念”（one thought）之际。

日文的“一念”，梵文为“ekaksana”，是指加以极度缩短的时间单位。这一概念与英语“as quick as thought”（瞬间）一词相同。所谓“thought”即“念”，意味着“one thought”（一瞬间），即意味着归于刻不容缓的绝对一点之时。梵文的“ksana”（刹那）一词中包含“想念”和“瞬间”的双重意思。归于刻不容缓的某一点之时，就是所谓“绝对的现在”（absolute present）、“永恒的今天”

① 见《白云守端禅师语录》（《卍新纂续藏经》第六十九册）。

(eternal now)。

从“实存式思维”角度出发来看，所谓“绝对的现在”既非抽象概念，亦非理论上的“无”；相反，它以自身具有创造性的生命力而生存。“悟”就是这一客观事实的经验。佛教学者往往将“一念”界定为既非过去亦非现在的某一点，即“一念”是“永远”被契入“时间”的状态，这一瞬间现象发生之时，即为“悟”。

毋庸赘言，“悟”并不意味着阻断意识的潮流，而这一点往往招致误解。人们往往将“三昧”（samādhi）视为“悟”的经验准备，因此将“三昧”与想念的停止——心理的空白状态，或者说，就是与死亡状态混为一谈，这就是导致误解的原因之所在。

只要“永恒”停滞于其自身，即如同其他一般化了的概念，只是停止于抽象的状态，就将呈现死亡状态。只要“永恒”不停滞地生存，就将契入时间的秩序之中而释放出全部能量。

与此相反，只要时间停止于其本身，任何活动领域将不复存在。时间只有被“永恒”包容，才具有其自身存在的意义。如果“永恒”脱离时间则无处去施展自身的能力，即等同于时间自身并非存在。“时间”这一概念唯有立足于以“永恒”为生存条件的现实生活之中方可成立，而我们生存的每一个瞬间则成为“永恒”的足迹。

因此，为了把握“永恒”，意识必须在“永恒”踏入时间的举足瞬间觉悟。这一瞬间可以称其为“绝对的现在”或“永恒的今天”。这一瞬间既非残留身后的过去，亦非前方等待的未来，它是时间的一个绝对点。“悟”立足于这一绝对点，并由此起步而焕发出巨大的潜在能量。“悟”与死亡无缘，“悟”发生于生存的瞬间，这意味着因为“悟”生存于自身存在，所以“悟”本身就是“生命”。

理性的作用将“实在”一分为二。我们往往根据这一区分方法而理解“实在”，并将其利用于实际生活。然而，这并非一个令人心悦诚服的理解方法。我们为了满足身体和智力的要求而对待“实在”。实际上，这并没有反映我们内心深处的要求。为了达到后者的目的，我们经验“实在”时必须即刻对其加以把握。例如，如果将“实在”应用于时间与空间的话，则将抹杀“实在”的意义，这是迄今为止人们理解“实在”这一概念时所犯的绝对错误。我认为，这是人们在理智觉醒之初，在空间与时间的框架内处理“实在”时施用的一个“伎俩”。然而，人们万万没有料到，这实际上是为自己编排了一场精神悲剧。

世间万物在空间中发展，在时间中生灭，世界因此而丰富多彩。但是，在空间上，人们往往看不到极限；在时间上，人们往往将事物的始终加以固定，其结果导致否定科学家和哲学家的劳作，从而沦为自身臆造的虚构体系的俘虏。而且，人是牢骚满腹的俘虏，一般人往往总是大肆抱怨生不逢时、命运多舛。我们依据空间与时间的概念将事物系统化，然而没有比这两个概念更容易引起思维混乱的概念了。空间既非时间，时间亦非空间。无限延长的空间的扩展，绝不意味着时间的不断转变与调和。因此，世界这一物质的空间概念具有使事物固定为绝对物质的倾向，而依据时间这一概念所解释的世界，则将我们禁锢于至为烦躁郁闷和惶恐不安的心理牢狱之中。

世间之人真挚地追求永恒之物，但是却不得不永久地屈从于有为转变的状态。充其量不过六七十年的短暂生命不仅丝毫不能令人心满意足，而且我们在这短暂的生存期间内所能成就的事业也屈指可数。假设将个人寿命置换为国民平均长寿指数，虽然生存时间略为延长，但是与“千禧年”（耶稣再次君临世间千年，出自《启示录》——作者注）的若干周期这一超时间概念相比，所谓个人寿命与国民平均长寿指数的差距终究只是五十步与百步之差。

与人类的寿命相比，人类文化发展的寿命持续期间较为长远，并且似乎具有若干价值。但是，假设我们生活在广漠的空间和无限的时间范围内，那么天下的所有哲学家、艺术家也好，天下所有的将军、军事家也罢，其数量的多寡就可想而知。他们的存在只不过如同转眼而消失的泡沫或瞬间而逝的流星一般。

但是，见性开悟者从不将这些世间琐事挂在心上，这是因为“悟”牢牢地立足于“绝对的现在”和“永恒的今天”之境界。在这个境界里，时间与空间不断地分分离离，停留在所谓一切的未来性和可能性之中，二者的成就和未来都凝聚在这片天地里。扎扎实实地稳坐在“绝对的现在”之上，安然地体味过去、静观未来，这就是“悟”的特权。

那么，禅师又是如何享受这一特权的呢？这是一个令人至为关注的问题。下面介绍的云门文偃禅师的开示雄辩地说明了这一点。活跃于10世纪的云门禅师为禅宗五家七宗的云门宗开山祖师，其高妙老到的接化手段誉满禅林。有一天，云门禅师上堂说法，询问弟子：“老衲问你们一个问题。不问你们十五日以前如何，只问你们十五日以后要如何？”众弟子面面相觑，不知应该如何回答。云门禅师看看无人应答，就自己代答说：“日日是好日。”

关于这则禅门有名的公案，有必要略加解释。众所周知，汉语言文字表现原本比较暧昧，如果依照公案文字字面：

“十五日已前不问汝，十五日已后道将一句来。”[1]

云门禅师的叩问可判读为：“十五日以前的事暂且不问你们了，十五日以后的情况怎么样，每个人简单地阐述一下。”但是，云门禅师所谓“不问”二字的核心究竟是什么呢？此外，“道将一句来”的“一句”的主题又何在呢？这两个疑问都没有得到任何解释分别。其实，在这里所谓解释分别是不需要的。云门禅师的问语中蕴藏的妙理禅机在于：诱导众弟子把握具有绝对性意义的“十五日”之语本身的含义。所谓具有绝对性意义的“十五日”，是指与未来的“十五日”，乃至过去的“十五日”完完全全分割开来的具有绝对性意义的眼前当下。只有真正地理解把握了“十五日”所寓意的“当下”二字之人，才能够圆满地回答云门禅师企盼的“一句”。

云门禅师自身代答的“一句”为“日日是好日”，出人意料的是，这一句恰巧与埃克哈特（Meiste Eckhart，1260—1327，德国神秘主义大师——译者注）笔下的乞丐寒暄语——“早晨，早晨，好早晨！”极为相近。埃克哈特的这句寒暄语是为了回应通常使用的“早上好！”而使用的。云门禅师的代答本身简单扼要，可谓普普通通，但是具体与绝对性意义的“十五日”一语，在时间方式上有哪些具体关联？为了搞清楚其间的相关联系，我们有必要做一些理论方面的解释。

云门禅师叩问全句及对众弟子的要求，表面上看起来天真烂漫、极为幼稚，而实际上是对合理主义思维方式的严峻而大胆的挑战。禅者不以合理主义思维方式为伍，也不使用逻辑和抽象思维。

① 见《碧岩录》第六则《续藏经》第二编第二十二套。

但是，从人性的角度而言，我们往往难以完美地避开这些思维方式。无论人的意识能力如何有限，但是人们往往竭力地去表达难以表达的意识，力求尽善尽美。

在无明的困扰下，世间凡夫将“实在”大卸八块，并以此举为快。例如，将时间划分为年、月、日、时、秒，又将秒继续划分为更小单位。然而，为了达到我们日常生活中计量时间的目的，只要将时间单位划分为一年十二个月、一个月三十天就已经足矣。

云门禅师和众弟子正位于现时——一个月中的十五日这一时间分割的线上。这条线既不属于其之前的十五日，也不能分类于其后的十五日。过去已经成为永远，未来尚未到来。这条线正是一条没有时间，可称之为“现在”的绝对线，恰似毫无幅度的空间和几何学上的一条线。但是作为实际存在之物，绝对的“十五日”并不是一个空虚的内容，正如前面已经谈到的那样，它是一个储藏了过去的全部行为和业绩、体现于未来的全部可能性的储藏库。

云门禅师又是如何表达这一事实的呢？他既不是辩证唯物主义学者，也不是形而上学主义学者，他也并不习惯于运用缜密的头脑。如果从极端经验主义者这一意义上来讲，云门禅师是一个理所当然的现实主义者，而不为概念化所束缚。云门禅师的“日日是好日”的代答不为任何既成概念所羁绊，这是他由“悟”的观点所看到的“绝对的现在”的表现。这种表现直接源于经验，而绝不是理性的劳作。我们应该铭记，这是只有开悟者才享有的表现特权。

仅就“悟”而言，过去的“十五日”及未来的“十五日”这两个表现与“悟”毫不相干，云门禅师之所以举出这两个时间概念的目的在于，直接地交代出具体时间概念的相关背景，而更加凸显这一语句的意图；这也是一种捕捉真相的“诱饵”。因此，事实上云门禅师口中的“十五日”并不是什么值得特别关注的词语，其本意在于诱导闻者将参学心思集中于不被过去与未来所制约的“绝对的现在”。

所谓“绝对的现在”就是将一个月划分为前十五天和后十五天这样两个期间的日子。这一天，既不是已经过去了的十五天中的一天，也不是后十五天中的一天。已经消失之物不在眼前，理应到来之物尚未显现。难道云门禅师口中的“十五日”是一个如梦似幻的日子吗？但是，云门禅师及弟众的的确确生活在日历早已规定好了的“十五日”这一天，这是一个不可否认的事实。

从辩证逻辑思维角度来讲，即使并不存在之物，也必须对于这一实际存在着的事实给予“一句”解答。宋代高僧圆悟禅师在其所著《碧岩录》中对此“一句”加注，赞誉其中妙谛，认为如果只是玩弄一些概念把戏的话，是不可能达到云门的境界的：

> “十五日已前，这语已坐断千差；十五日已后，这语也坐断千差，是他不道明日是十六。后人只管随语生解，有什么交涉？”①

雪窦重显禅师（980—1052）在宋代禅林中独树一帜、标新立异，被誉为云门宗中兴之祖。他曾作颂评述古德的“十五日”公案：

> 去却一，拈得七，上下四维无等匹。（1）

① 见《碧岩录》第六则《续藏经》第二编第二十二套。

徐行踏断流水声，纵观写出飞禽迹。（2）
草茸茸，烟幂幂，
空生岩畔花狼藉。（3）
弹指堪悲舜若多。（4）
莫动着，动着三十棒！（5）

雪窦禅师的短颂较为费解，为了使一般读者易于理解，下面略加注释：

（1）

此颂举出的“一”和“七”这两个数字，除了可以使人联想起云门禅师的那则“十五日”公案中的“十五”之外，与主题毫无关系。唯其如此，所谓“舍一”和“取七”这两个语句都没有丝毫实际意义，而只是一个数字概念。雪窦禅师借用两个没有任何实际意义的数字概念为“方便”，力图截断学僧对数字的大小、物品的长短等相对概念的分别妄想，诱导警示学僧切勿被辩证法的罗网束缚住自身的手脚。世间凡人将自身从执着和迷惘中解脱出来之时，就达到了佛陀的“降诞宣言”所启示的“天上天下唯我独尊”之境界。

（2）

“唯我独尊”者一旦显现，其所创造出来的奇迹将显现于森罗万象。信步徐行在浩浩流淌的河流之中，河水为其开路；仰首纵观虚空，飞禽的翱翔踪迹恰似笔下而出。但是，这些不过是“唯我独尊”者所创造的震撼寰宇而唯我独具的奇迹的一个象征而已。这是因为，所谓“唯我独尊”者，表象上与世间凡夫同样过着被业障束缚的乏而无味的日常生活，但其内心的精神生活世界则完全摆脱了烦恼业障等凡世诸般法则的羁绊。从某种意义上来讲，所谓“唯我独尊”者就是自由自在的“主人公”。

“唯我独尊”者已经把握了“绝对的现在”。外观上，“唯我独尊”者的生活与世间凡人毫无二致，局限于时间以及具有时间性质的诸般限定之中。然而实际上“唯我独尊”者是生活在一个“绝对的现在”。

“唯我独尊”者死于“亚当”（即时间与空间），而生于耶稣（即绝对的现在）。“唯我独尊”者可以永生于熊熊烈火之中，可以遨游于万丈波涛的无垠大海。这是由于“唯我独尊”者是由当下以及生命自身，即时间与空间在当下和生命中编织出的生命之缘故。

（3）

“悟”，获得了自身的自由世界，同时在万象纷纭的世界中觅得了自身的存在。事实上，那种竭力回避后者，即回避万象纷纭世界之“悟”，并非真正的禅“悟”。“悟”并不是立足于死气沉沉、缥缈空洞的“空”之上的。正因为如此，大自然中或水草丰茂或乌云密布。“悟”就是活跃于这样一个“多样化”的世界，活跃于这样一个“差别世界”。“悟”超越时间和空间，并超越由时间和空间所制约的事物而存在于其间。“悟”渗透于时间与空间的差别世界，而与这个世界紧密地融为一体之时，方才彰显出其妙谛。

（4）

也许，诸天对超越六道生死轮回的束缚，摆脱一切烦恼痛苦，安住于“空”的世间凡人都怀有纯一无瑕的尊敬之情；诸天降下缤纷的雨花赞叹否定自我、忘却现世、止息杂念而专心致志于修行的苦行者“空生”即须菩提尊者。但是“悟”的境界并不在于此，即使不是蔑视，也可以说是以怜悯之心来藐视片面的超越主义和寂灭绝对主义。

（5）

“悟”所追求的这一境界丝毫不可动摇，容不得任何妥协。觉悟之路率先向前，彻底横扫所有二元的复杂因素。如果我们不能基于“绝对的现在”立场见性证悟而勇往直前，则将饱尝雪窦禅师的三十大棒。

（三）当下顿悟

我们再来看看下一则公案，或许可以从中略微窥见禅林古德竭力诱导参禅者理解把握所谓“绝对的现在”的栩栩如生内容的施教手段。

有一天，百丈服侍马祖禅师外出散步途中，看见空中飞过一群野鸭子，马祖问道：“是甚么？”百丈答：“野鸭子。”马祖再问：“甚处去也？”百丈又答：“飞过去也。”马祖遂转身狠狠地扭紧百丈鼻头，百丈忍痛连声哀叫。马祖间不容发地追问：“又道飞过去也。”百丈当下顿悟。①

第二天，马祖上堂示众，百丈却从众僧中走出来卷起了拜席（禅师礼佛前，由弟子铺设于禅师脚前的席子——作者注）。通常，

① 见《五灯会元》卷第三《百丈山怀海禅师》。

“卷席”意味着上堂时间结束。马祖见状离开座椅，返回丈室。百丈随后赶到丈室，马祖曰：

> “我适来未曾说话，汝为甚便卷却席？”师曰：“昨日被和尚扭得鼻头痛。”祖曰：“汝昨日向甚处留心？”师曰：“鼻头今日又不痛也。”祖曰：“汝深明昨日事。”①

马祖最后发给了百丈见性证悟的“证明书”。

这则公案中的“今日”，在这里意味着“绝对的现在”，即相当于云门禅师的“十五日”。禅林古德为了准确地表达“今日”的含义，常常使用“即今”一语。“即”字，较难译成英语，即英语的“just this”（正是这），即抽象的“自我同一”（self-identity）之意。因此，“即今”就是“正是这一瞬间”之意，禅师们经常要求问道者回答“如何是这一瞬间之事？”

马祖当时紧扭百丈鼻头的目的在于，使弟子觉悟“绝对的现在”这一事实，他所关心的并不是野鸭子飞到了什么地方。野鸭子存在于空间，而在时间中飞翔。归根结底，人如果看到飞禽，即刻将自身置于与飞禽的空间概念关系之中，看到飞禽飞翔，又马上将自身纳入时间的框架之内。人一进入时间和空间系统之中，就意味着偏离了“绝对的现在”一步。这已经不是一种自由地把握自我的精神状态，而只是为“业障”所束缚，即意味着变成了一个辩证逻辑思维者。然而，“悟”与这种精神状态并无机缘。因此，无尽的大慈大悲驱使马祖不由得出手狠狠地扭紧了百丈的鼻头。百丈蒙受的不可言状的皮肉之苦

---

① 见《五灯会元》卷第三《百丈山怀海禅师》。

与他的当下顿悟不相关联，而整个公案赋予了百丈打破自身意识框架的机缘。这个意识框架将百丈的精神思维强迫地局限于时间与空间的支配之下，其结果即意味着局限于概念作用的支配之下。

身为禅师，其宗教使命在于粉碎门徒身上的这一精神枷锁。为了达到这一最终目的，禅师往往采取暗示、隐喻、矛盾、反诘等语句。如果说诸如此类的言语之中或许还残存着些许理性作用，那么接踵而来的就是扭鼻、踹腰、捉襟等毫无矫揉造作，堪称精神锤炼的棒喝的接机手段。毫无疑问，这些接机施教手段的效用已经被禅林古德们反反复复的实践验证。

在这些接机施教手段的箝捶下，百丈到底切身悟得了些什么呢？这则公案的结果极富戏剧性。百丈作礼告辞马祖，由丈室返回侍者寮后，不禁号啕大哭。同门学僧见状问百丈：

> “汝忆父母邪？”师曰：“无。”曰：“被人骂邪？”师曰：“无。”曰：“哭作甚么？”师曰：“我鼻孔被大师扭得痛不彻。”同事曰：“有甚因缘不契？”师曰：“汝问取和尚去。”同事问大师曰：“海侍者有何因缘不契，在寮中哭告？和尚为某甲说。”大师曰：“是伊会也，汝自问取他。”同事归寮曰：“和尚道汝会也，教我自问汝。”师乃呵呵大笑。同事曰：“适来哭，如今为甚却笑？”师曰：“适来哭，如今笑。”同事罔然。[①]

毫无疑问，马祖的“扭鼻”之举使百丈产生了深刻的心理变化，而出现了“我适来哭，如今却笑”的结局，百丈由此明心见

① 见《五灯会元》卷第三《百丈山怀海禅师》。

性，当下顿悟。他觉悟到，除了何时何地都被时间概念剥夺了自由的普通生活之外，这个世界上还存在着另外一种截然不同的生活。所谓制约于时间概念的生活，就是追悔陈年往事，终年累月地沉湎于毫无价值的回忆悔过之中；或希冀遥远未来，为今后可能出现的变故而苦恼担忧。然而，嚎啕大哭的百丈也好，开怀大笑的百丈也罢，都丝毫没有看到“绝对的现在”。

执迷未悟之前，百丈的哭声和笑声都不是纯粹的思想感情的表达，其中总是混杂着其他的邪思杂念。因此，即使他没有去追悔过去，时间的意识概念总是驱使命令他“向前看！向前看！”，其结果是使他深深地陷于惶惶不可终日的无谓心劳之恼。他的精神思维体系支离破碎，而远远没有形成“一颗完整之心”，即“一心”或“一念”。心，如若丧失安住之处，则将失去均衡与平静。

因此，可以这样认为：生活在今日世界的众生大抵都是所谓“精神病患者”，无一不是陷于逻辑思维混乱和心理紧张不安的受害者。

（四）如何用功

1946年4月发行的《希伯特季刊》（*Hibbert Journal*）刊载的《现在之意义》这篇论文中，作者埃塞尔·M·罗威尔（Ethel M·Rowell）女士指出：“‘现在’之中栖息着静寂（stillness），我们可以当下经验。”作者还认为，“静寂”这个没有时间的时间就是“化为永久的瞬间”。这是无限发展的瞬间，即“绝对无限之一瞬”。

埃塞尔·M·罗威尔在论文中阐明了“现在”一语的含义特征。我在本小节将要继续论述的与“悟”相关的话题，便深受该作者论点的启发。但是，埃塞尔·M·罗威尔仅仅笼统地阐述了这一观点，而没有加以深入展开。总而言之，所谓“现在”一语的含义或许可以理解为，“神存在于世间，常出现于世人之中”。神既是显现于当前之中的永久，也是瞬息万变世界的寂静的一点。理解安住于“现在”这个道理，或许是迈向“神的现存的实现”的第一步。

我以为，这是一个颇有见地的试论，但是我并不认为遵循这一试论就可以通往觉悟之路。单纯依靠对现在的情感，还远远不足以引导世人投身于永久，投身于眼前当下。

我认为，这一情感之中仍然残存着二元式的因素，而“悟”则是“绝对的现在”本身。因此，由于“悟”这一经验产生于时间的连续概念之中，与其他所有经验并行发展，所以才出现了前述公案中百丈“昨天痛了，今天却不痛了”“刚才哭了，现在却笑了”等言行举动。人的思维意识，基于人的疼痛或啼笑等日常生活的经验而编织出“未分化的时间”，即分别意识发生作用以前的境界，这就是所谓“实在”。

如果这一过程得以成就，意识思维过程将彻底逆转，我们将开始在时间这一框架上构筑自身的各种经验。同时，连续主义由此而生，我们的日常生活也将由此而受到悲惨的束缚。“绝对的现在”将遭到清洗驱除，我们则将对此毫无意识。追悔过去、希冀未来、失声哭泣等日常生活的经验将失去纯真的表情，而混杂进来某种其他因素，即“现在”失去了其“天真烂漫”和绝对性。未来和过去横亘在现在之前，令其窒息，生命也将遭到摧残而呈现窒息状态。

马祖门徒大珠慧海禅师门下，有一个律宗法师来访，问道：

“和尚修道，还用功否？”师曰：“用功。”曰：“如何用功？”师曰：“饥来吃饭，困来即眠。”曰：“一切人总如是同师用功否？”师曰：“不同。”曰：“何故不同？”师曰：“他吃饭时不肯吃饭，百种须索；睡时不肯睡，千般计较，所以不同也。”[①]

埃塞尔·M·罗威尔女士在其论文中引用了空袭过后的一位伦敦妇女的经历：轰炸过后的清晨，一位妇女在被轰炸过的自家门口徘徊不前，心事重重地注视着往来的人群。一位路过的政府工作人员走近她问：“您有什么事情吗？我能帮您什么忙吗？”妇女回答道：“您不知道吗？这附近好像有家牛奶店来着，我丈夫早上喜欢喝杯早茶……”

埃塞尔·M·罗威尔女士对此加注，感慨而言：“过去充满敌意，未来希望渺茫。然而她与人生的旅伴‘现在’相伴而行。人生动荡不安，但是……她的丈夫想喝一杯早茶。”

用心来睡眠、饮食的禅师，与为了准备丈夫的早茶而焦急地寻找牛奶店的伦敦妇人之间唯一的差异在于，前者为见性证悟之人，而后者只是一介普普通通的凡人。禅者洞彻“绝对的现在”的深奥意义，这就是我们生活着的现在的一瞬，也是整个世界的一瞬。然而，包括这位妇人在内的大部分世间凡人，即使有着同样的生活经历，或者对这种生活经历抱有同样的感情，但是对身边发生的一切却毫无所“悟”。

《新约圣书》告诫信徒：

所以，不要为明天忧虑，因为明天自有明天的忧虑，一天

---

① 见《五灯会元》卷三《大珠慧海禅师》。

的难处一天当就够了。[①]

我认为，耶稣基督阐述的思想，与禅者的“绝对的现在”这一思维相吻合。然而，禅运用自己的方法论来表述这一看法，所以禅者的“悟”可能看起来与基督教的感知方法相差甚远。但是，如果去掉教徒们身上裹着的那件“二元论”外衣而赤身裸体的话，基督教徒则将发现：他们的上帝就是实实在在的“绝对的现在”。

一般来说，基督教徒往往以神的名义，施加许多伦理道德以及精神方面的附加因素。然而，事实上正是这些附加因素将他们自身与神疏远了。基督教徒往往纠结于将自身赤裸裸地显现在上帝面前，即从“绝对的现在”这一角度来理解和把握上帝。可以认为，基督教对“绝对的现在”的感知能力焦点模糊，不如禅“悟”清晰而明确。换言之，其焦点似乎过于模糊，或者说还没有彻底地摆脱时续观念的影响和束缚。

（五）德山点心

由于禅涉及人类经验的方方面面，所以“悟”本身也具有很多名称。例如“无所住心”“无所有心”“无住心”“无着心”“无心”“无念”“一心”等等。虽然这些名称都归于通俗意义上的“心”，但是，禅家极力否定“心”的存在。这种否定立场不是理智判断的结果，而是基于实际经验。

精神、思想、物质的二元论观念深深地影响人的思维意识，妨

---

① 《新约圣书・马太福音》第六章。

碍我们真正地理解自我。因此，禅家极力主张“无心”。然而，这并不是单纯地从辩证逻辑思维角度阐述自身的主张，而是从事实角度出发所做出的理智判断。为了清除执着于“心”这一观念的意识痕迹，禅家采用了种种实践方法。马祖的门徒大珠慧海禅师在其所撰的《顿悟入道要门论》[①] 中阐述：

“汝若欲了了识无所住心时，正坐之时但知心，莫思量一切物。一切善恶，都莫思量。过去事已过去，而莫思量。过去心自绝，即名无过去事。未来事未至，莫愿莫求，未来心自绝，即名无未来事。现在事已现在，于一切事，但知无著。无著者，不起憎爱心，即是无著。现在心自绝，即名无现在事。三世不摄，亦名无三世也。心若起去时，即莫随去，去心自绝。若住时亦莫随住，住心自绝，即无住心即是住无住处也。若了了自知住在住时，只物住亦无住处，亦无无住处也。

“若自了了知心不住一切处，即名了了见本心也，亦名了了见性也。只个不住一切处心者，即是佛心，亦名解脱心，亦名菩提心。”

大珠禅师阐述的“无住心”正是“绝对的现在”，即于过去、未来、现在皆无所住之处，这是一颗尚未觉悟者通常难以理解的“心”。

大珠慧海禅师在《顿悟入道要门论》中指出：心，瞬间（刹那）透彻之时，未透以前存在之物乃至其后所生之物都即刻显现于

---

① 《卍新纂续藏经》第六十三册。

心，恰如过去佛拜未来佛。万物（万法）同生，即如经云："森罗及万象，一法之所印，证无生法忍是也。"大珠禅师指出的这些现象，在人心觉悟到了"绝对的现在"时即可实现。这并不是辩证逻辑思维的结果，而是"悟"的意识作用。

下面，我们来看一段沣州龙潭寺山脚下一位茶棚老婆婆的故事。

德山宣鉴禅师（780—865）以"三十棒"而誉满禅林。德山俗姓周，四川剑南人，幼年出家，博览经律，尤为精通《金刚经》，人称"周金刚"。后来，他听说南方禅宗大兴，对禅宗"心即是佛"宗旨甚为不平。为求禅门良师，肩担自己所著《金刚经》疏注《青龙疏钞》之大任而离剑南出蜀。一日行至沣阳，不禁饥饿难耐。正巧有一老婆婆在龙潭山山脚下卖饼，德山遂忙奔上前，放下肩上挑担，准备解囊买饼充饥。那老婆婆却故作刁难，指着挑担问德山：

> "这个是甚么文字？"师曰："《青龙疏钞》。"婆曰："讲何经？"师曰："《金刚经》。"婆曰："我有一问，你若答得，施与点心。若答不得，且别处去。《金刚经》道'过去心不可得，现在心不可得，未来心不可得。'未审上座点那个心？"①

德山闻之哑口无言，羞愧不已，挑起担子，忍饥径直奔龙潭山去了。

我不甚清楚"点心"一词作为"小吃"而沿用的由来。但是，这位老妇人高明而辛辣地摘用了"点心"一词中的"心"字，迫使

---

① 见《五灯会元》卷七《德山宣鉴禅师》。

高傲自大的德山和尚的“心”一筹莫展。这个话题暂且不谈，我们先来探讨一下应该如何理解《金刚经》中“三世心不可得”之句。所谓“过去心”“现在心”“未来心”以及“不可得”到底意味着什么？

如果在“绝对的现在”证悟，这些疑问则将迎刃而解。在时间中连续不断地分割发展的“心”以及思维意识，时常超越我们自身的理解范畴，难以作为一个实体而获得。所谓无意识之意识，可以称之为“非思量”境界。当“非思量”境界完全进入角色时，当我们意识到自身存在时，我们的目光将面向眼前的非时间性，所谓时间的差别产生并展开于非时间中而显现出时间的真正性质。

德山见到卖饼老婆婆时，由于尚未领会禅“悟”的真髓，所以当然不可能理解老婆婆所问之意。德山的思维意识中关于“时”的概念，是由爱不释手的《金刚经》注释中获得的，因此，他的思维意识尚未超越辩证逻辑的范畴。由经教的注释等获得的认识与由禅“悟”获得的认识之间的差距大不可测。这种差距并非可以加以比较的性质上的差距，而是次元、实质、价值上的差距。

“悟”与“理性”之间的鸿沟，绝不可能依靠炮制概念、假设推论、抽象逻辑等所有理性作用的“桥梁”而逾越。这一鸿沟，是由理性思维导致的绝对否定造成的，而理性思维的否定则意味着“实际存在的飞跃”。

（六）彻见本性

“悟”的别名又称“见性”，即“彻见自身本性”。换言之，所谓本性蕴涵着这样一个概念：人具有之所以为人的某种本性或本质，这一本性为其对立面所关注，即存在着观者与被观者、主观与客观、主与宾等对立关系。一般来说，大多数人都持有这一观点。这是因为，人类世界依据合理主义构筑而成，这个世界中的所有事物总是处于对立状态。人，因对立而思考，其结果导致思考反射为全部经验。因此，被割裂为两个对立状态的世界无限地膨胀下去。

相反，“见性”的概念则与此截然相反，即摈弃所有二元论意识思维，这意味着从根本上改造我们的经验世界。可以说，禅家所兴起的是一场至为激进的世界观的革命。

解除我们意识思维中的矛盾概念的行之有效的方法在于，制造一个使对立状态得到相互调和的第三概念，而新概念的制造属于哲学家的工作范围。归根结底，哲学家发现了化解与调和一切的概念。虽然这个概念的功过有待世人评说，但仅就理性来讲，我们难以苟同哲学家所期望的结论。总而言之，我们的努力还远未结束。虽然我们尚未寻觅到至为理想的果实，但必须不断地追寻探索下去。

禅的方法论不是辩证逻辑思维形式，它与哲学思维方式背道而驰。但是，禅并不与后者公然为敌。禅承认理性思维的实际效用，并欣然给予其适当的位置。但是，为了达到安定意识思维的精神世界，进而安定整个世界的终极目标，禅极力主张寻找其他途径。禅，主张世间万物返回分别意识发生作用以前的自身内在境界。

一般来说，为了寻觅永久安生之处，世人往往远离自身而去。经过追寻求索，世人终于找到了自身的上帝，而上帝却高居于“二分法”思维模式或万物归一思维模式的漫长而乏味的连续绝顶之上。

禅者，逆道而行，不是向前，而是朝后，最终抵达处于混沌状态的“分别意识发生作用以前的境界”。禅者着眼于整个世界尚未一分为二，即二元论作用尚未萌芽的世界。禅者以时间、空间尚未被一分为二的世界为思维认识对象。

这种经验属于何种类型呢？我们的经验往往被逻辑、时间、空间限定，如果没有如此限定，经验则完全不可能成立。也许有人会认为，脱离如此限定而侈谈什么经验毫无意义；如果一味主张坚持经验之中唯有时间和空间实际存在，经验并非由概念性的描述而生成之物这一立场的话，自然会得出这样的结论。

但是，即使有关经验的这些基本条件被加以否定的场合，禅依然能够讨论某种经验。如果这个事实成立，我们则不可否认：禅产生于绝对现在的非时间性。这不是一个是否可能或不可能的问题，禅一直以身示教而证明了这一可能性。只是我们不能忽略禅这一领域不作用于合理性这一事实。实际上，禅为合理的理性提供活动领域。我们可以从所有合理的上层建筑中找到禅经验的坚实基础。

毋庸赘言，基督教徒的世界观以“知识的巨木”为出发点，佛教徒的世界观则为“无明”的产物。因此，佛教徒为了抵达最终安身立命之处，至为必要的就是否定自身存在着的这个世界。所谓“无明”，只有自觉地认识无明以前的状态方能加以征服，这一过程就是“悟”，就是彻见由于无明而变为通透清澈而原本实在的人之本性。无明本为智慧之始，世间万物的真理并非依靠知识的反复积累就能够获取。这种反复积累只能徒增无明，而别无其他任何意义。

如果站在佛教徒的立场来看的话，基督教徒依靠尖锐的逻辑推论及微妙的分析而增加知识储量，而这一增量过程本身就是在连续不断地踏入无明的深渊。

佛教徒主张：正视自身尚未出生以前的“本来面目”！聆听尚

未啼鸣以前的鸟声！追寻尚未拜命拯救人类以前的上帝！基督教徒则认为，上帝和上帝之光是强加于基督教徒自身而不可祛除之物，他们在这种限定状态下从事拯救人类的伟业。

基督教徒自身持有的“知识”伴随其生命始终，“知识”的枷锁将终生难以摆脱，而沦为逻辑性与合理性的牺牲品。佛教徒认为，只有在逻辑性与合理性尚未得到开发之处，只有在主张存在的主观意识不存在之处，只有在被意识把握的客观不存在之处，只有在可观及被观之物都不存在之处，方可寻觅到真正的精神意义上的安身立命之处，这才是确确实实的“见性”。

（七）本来清净

“悟”即“见性”，常常被混同于“无”或“空”，即纯粹否定的状态。从表象上看，似乎正确无误；但从逻辑上看，觉悟时间的非时间性之“心”中欠缺具体内容，没有传达现实的经验感觉。

见性，如果意味着可观及被观对象皆无的意识状态，那只能说是一种纯粹虚无的状态，对充满失败、期待、焦躁的日常现实生活毫无任何意义。如果仅就二元式思维来讲，可以称其为真实。但是我们不能忘记这样一个事实：禅的对象是构成日常生活基础的最根本而最具体的经验。因为这种经验属于个人的体验，而不是逻辑思维推究的结果，所以绝非抽象虚空之物；相反，它充满了可能性，并且最为具体。

“悟”，如果仅仅是一种虚空的抽象作用或概括作用的话，则不可能成为万物之本。所谓合理化作用，就是一步步地祛除多样性而导向顶端，最终抵达范围狭窄、仅仅是表示所在位置的一点。但是，“悟”挖掘所有存在的深层，抵达未分化的整体境界，即分别意识发生作用以前的整体境界的“岩床”部位，“悟”绝非虚无缥缈之物。“悟”虽然不能成为个人的感觉对象，但属于不可动摇的本质整体。

禅者遵循常识性思维方法，常常使用合乎常识情理且易于理解的语言。因此，“自然”一语也时常被误解。一般人往往将其误解为微妙地潜藏于存在现象感觉深处的某种概念，但是“悟”并不意味着感觉此类微妙之物。“悟”的“目中”既无主观亦无客观，“悟”属于当下的即刻感悟，而绝非普通意义上的感悟（见与不见同时并存——作者注），即被观者就是观者，反之亦如是。在“悟”眼看来，主观与客观同为一物。显而易见，“悟”与普通二元式思维意义上的“观”截然不同。很多习惯于由表象来观察和思考问题的人往往对此有所误解，将禅的“悟”等同于耽于“虚空”的“观”，从而主观臆想：禅创造不出任何有益于现实生活之物。

我们由佛教尤其是禅所获得的最大发现，就是禅开辟了一条认识事物“本来面目”（suchness of things）的途径。这就是洞察玄沙禅师开示说法所言“本来清净即般若智慧大海”。所谓“本来清净”，就是“安住于现在中的静寂”。佛教徒将“清净”一词用于“绝对”的场合，而不用于“脱离污秽或表象”的场合。“本来清净”，意味着无条件、未分化，以及超越一切限定的状态；它属于意识思维以前的状态，这种状态之中没有主观与客观的对立，而且既往的事物与将来的事物在此状态中清晰地显现出来。

从某种意义上来讲，“本来清净”可以视为“空”，但它是蕴藏着生命力的“空”。因此，所谓“如实”（实事求是——作者注）就是两个矛盾的概念，即“空”和“非空”的自我同一。如实，不是二者的综合，而是在我们的日常经验中得以具体实现的“空”与“非空”的自我同一。“如实”这一概念并非合理思索经验的结果，而是直接如实地表现出来的经验。

当我们看到白花时，就说“白”，看到红花时，就说“红”。这只不过是感觉的实际表现，而不是对白色和红色进行推理，只是表达自身对红白两种颜色的感觉。与此相同，禅者以“悟”眼观察事物的本来面目，即事物呈现的本来状态，本来状态就是事物，仅此而已，别无其他，这就是禅家的主张。

禅家主张，禅者的思维方式处于人的极限。科学家和哲学家认为，人的感情难以期待，理智也难以依赖，感情和理智都不能作为值得绝对信赖的知识手段而依赖。因此，禅的实事求是的思维方式也不可能成为最终的依据。

但是，这种类推对于禅并不恰当。“悟”这一思维方式与感觉和知识不属于同一范畴。“悟”这一思维方式在某种意义上超越了感觉和知识范畴。这一“某种”具有绝对独特的意义，这种意义唯有对此有所经验者才能够领略体味得到。事实上，它等同于下述感情，即世间凡夫不可与之比拟的绝对独特的感情，自身所继承的生命绝对属于自己本身的感情，上帝仅仅赐予自己个人而非他者的特殊恩惠这一感情。然而，这一切感情最终归结于与其他世界相差别的“我”这一决定性主观。

“悟”既不是一种感情，也不是一般称之为“直觉”的知觉行为，“悟”就是照见自身的本性，这个“本性”不是有别于他者而唯独自己本身所具有之物。在“见”这一行为中，既无观者亦无被观者，“本性”既为观者亦为被观者。换言之，“悟”可以称之为“无心”“绝对一念”“绝对现在”“本来清净”“空”“如如”等等。

禅者认为，如果想要测量“实在”的无底深渊，仅仅依靠人的感觉经验及理智是远远不够的，必须添加上“悟”这一思维方式。这种添加行为，不是机械方式的数量上的添加，而必须是质量上的添加。如同耳闻钟声，眼观飞禽，必须以蒙受“悟”的洗礼之心去听去看，即同时耳闻尚未鸣响之前的钟声，眼观尚未出生以前的飞禽。

这种行为已经属于感觉世界，意味着接受差别、逻辑思维分析、归纳综合等思维方式。“本来清净”成为一种混合境界，其混合程度日益加深。它已经不是佛教诗人所吟咏的“真如月”，而是一轮被层层浓厚的丛云遮掩之月。如实与清净本为一对孪生兄弟。

（八）随机施教

玄沙禅师（835—908）为唐末禅林翘楚。某日，上堂说法示众：

> “你诸人还委得清净本然性相般若智海也未。若未委得，只如诸人相聚在此，还见面前青山么？若道见，且作么生见；若道不见，青山作么生说不见。还会么？诸上座，只是你诸人清净本然性相般若智海具足见闻。若会，也只如然；若不会，也只如然”。[①]

玄沙因机施教手段多种多样。某日，他进入法堂，听到燕子叽叽喳喳地叫个不停，就对着赞美叫着的燕子的众弟子道：“深谈

① 见《玄沙师备禅师广录》(《卍续藏》第一二六册)。

实相，善说法要。”说完，便下座离开了法堂。过后，有一弟子前来拜师请教曰：“和尚今日上堂，闻燕子叫，示众道：‘深谈实相，善说法要’，未审尊意如何？”玄沙问弟子道：“会么？”僧云：“不会。”玄沙一语了断话头道：“去！谁信你。”①

这段短短的问答蕴含着玄沙的何等用心呢？话头由上堂开示的玄沙及众弟子耳闻燕子叽叽喳喳的叫声开始。玄沙借眼前活生生的场景阐述佛法妙谛，但是众弟子却未得开示要领。由于玄沙的语言表现过于抽象概念化，所以可能有人会认为，他的这番开示与已经大彻大悟的禅师身份不甚相称，将自身降到了一般知识分子的水平了。然而，如果站在玄沙本人的立场就可以明了，他是故意将自身降低位置，运用所谓“老婆禅”来借机说法，多方设教、循循善诱、苦口婆心地道出了佛法的妙谛。

我们再来看另外一段问答。一天，玄沙手指灯笼问弟子：“我唤这个作灯笼，你唤作什么？”弟子即刻答道：“某亦唤作灯笼。”玄沙闻之斩钉截铁地说：“尽大唐国内，未有一人会佛法。”②

然而，玄沙在其他场合并非如此直率、如此丝毫不留情面。某日，玄沙去拜访三斗和尚。三斗和尚不无歉意地对玄沙说：“莫怪住山年深无坐具。”玄沙听后问道：“这个人人尽有。山主为什么却无？”三斗作揖顶礼说道：“且坐，且坐！”玄沙又说：“元来有在。”③

下面这段话头，对于身为禅师的玄沙而言多少富有一些戏剧性。

玄沙之师雪峰义存和尚（822—908）圆寂时，雪峰门下最为

---

① 见《玄沙师备禅师广录》(《卍续藏》第一二六册)。

② 见《玄沙师备禅师广录》(《卍续藏》第一二六册)。

③ 见《玄沙师备禅师广录》(《卍续藏》第一二六册)。

杰出的弟子玄沙作为丧主操持法会、诵经主法。法会结束后，玄沙召集僧众饮茶小憩。只见玄沙走到先师灵位前手捧茶盏问众僧道：“先师在日即且从，你道今且作么生道？若道得，先师无过；若道不得，即过在先师。还有人道得么？”见众僧沉默不语，玄沙又反复追问了三遍，依然无人走出来应声。玄沙见状甩手将茶盏狠狠地摔在地下，满脸愠色地返回了僧房。

玄沙一回到自己的僧房，就开口问中塔云：“你作么生会？”中塔问：“先师有什么过？”玄沙一言不发，只是转身面向僧房墙壁摆出坐禅姿势。中塔见玄沙沉默不语，正要转身离开僧房，这时，却被玄沙叫住了。玄沙出口的依然还是刚才的那一句问话：“你作么生会？”这次中塔听到问话以后，模仿玄沙转身面壁而坐。玄沙见到中塔的这般举动，满脸悦色，就此打住了话头。[①]

死亡，这是整个人生的一件至关重要的大事。一般来说，死者的亲朋好友通过丧葬仪式、超度法会等形式借机缅怀死者、反省自身。玄沙不仅谙熟此道，还将此作为一个施教接化众僧的良机加以利用，竭力诱导众僧借机随缘，阐述各自对死亡的见解，展示各自在先师雪峰的谆谆教诲指导下，为参禅问道、见性证悟所付出的艰辛努力。

从上述这段话头中，我们可以清楚地看到，雪峰门下众弟子中唯有中塔一人对禅林名衲雪峰的圆寂“道了一句”，即表达了自己对先师禅法的领悟。

中塔与玄沙之间互相展示禅法妙谛的方式尤为独特，也许第三者对此举动感到莫名其妙、难以理解。但是，他们二人之间却彼此

---

① 见《玄沙师备禅师广录》(《卍续藏》第一二六册)。

心领神会。事实上，他们二人为了展示对先师禅法的领悟，并没有做出任何难以用理论解释的举动。

可以确信，如果我们对“悟”这一思维方式有所认识和感悟，就不难理解长达12个世纪的禅宗历史中记载的古德们的诸如此类的所有言论和行动。时至今日，禅依然对东方人的精神生活产生着潜移默化而意义深远的影响。

由于“悟”超越了合乎一般世间常理的表达方式的界限，对于初参者来说，接机施教的方法手段毫无定规，毫无先例可循，所以往往如同丈二和尚摸不着头脑，理不出头绪。禅师一般运用各种各样的施教手段，引导参禅者瞬间见性开悟。由于“悟”毫无使用双手可以感知的具体形状，所以以见性开悟为参禅目标而努力精进的学人无论如何都必须在自己的灵魂深处爆发一场革命。幻想用五官单纯地模仿禅师的一言一行的参禅方法将难以奏效，难以抵达“悟”的彼岸。

例如，禅师上堂示法，往往端坐在讲席之上默默不语，一言不发就走下讲席。在诸如此类的极为短暂的所谓开示施教手段中，天赐的肉体，即眼耳鼻舌身都成为表达佛法妙谛的工具和手段。这种施教方式，世间凡人不可盲目模仿，而禅者的五官都成为雄辩的道具，成为引导参禅者见性证悟的力量源泉。

玄沙上堂开示时，往往登上讲席后良久一言不发，或沉思片刻之后突然发问：“识得么？还辨得么？”一边自言自语，一边返回丈室。有时，沉默片刻后道出简短一句：“是汝真实人如是。”有时，沉默许久，突然发问：“达摩如今见在，汝诸人还见么？”[①]

达摩被称为中国禅宗创立者，“达摩”二字经常被象征性地

---

① 见《玄沙师备禅师广录》（《卍续藏》第一二六册）。

使用，较有代表性的词语如“佛陀”“佛性”“绝对者”等等。在玄沙的说教中，菩提达摩活灵活现地存在，而不是一个抽象化的偶像。

有一天，玄沙上堂，由于沉默不语时间过久，众弟子误认为禅师今天心中有事而打算沉默到底了，便三三两两地准备散席离去。正在这时，玄沙叫住众弟子，呵斥道：“看着总是一样的，无一个有智见。我开却两片皮，便尽簇觅言语意度。是我真实为他，却总不知。看着与么大难，大难。”[①]

有一天，玄沙似乎心情较为舒畅，上堂后沉默片刻，便启口问。

师云：“我为汝得彻困也，还会么？”

僧问：“寂寂无言时如何？”

师云：“寐语作么？”

僧云：“本分请师道。”

师云：“瞌睡作么？”

僧云：“某即瞌睡，和尚作么生？

师云：“争得与么不识痛痒。”[②]

玄沙还常常讥讽在法堂上打瞌睡的弟子道：

“可惜如许大师僧。道千里万里行脚到者里，不消个瞌睡寐

---

① 见《玄沙师备禅师广录》(《卍续藏》第一二六册)。

② 见《玄沙师备禅师广录》(《卍续藏》第一二六册)。

语，便屈却去。”[1]

有一僧向玄沙求教事物本源：

僧问："学人亲切处，请师一言。"
师云："识得即得。"
僧云："请和尚直道。"
师云："患聋作什么？"[2]

玄沙时常将热心求法、参禅问道的弟子讥讽为"聋子"、"瞌睡虫"。在常人看来，玄沙的这些用语未免过于刺耳，难道所谓禅师的言行就是这样高傲冷漠吗？

表面上看来，禅师的言辞举动确实近乎残酷无情，但是知晓"禅"为何物的人都清楚地了解，禅师心地都极为善良，为人诚恳而热情。他们的峻烈言辞直接源于自身对"悟"的领会体验。禅师诚恳地期待着这些发自肺腑的言辞能引起参禅者心灵的共鸣，而使其交出一份令人满意的答卷。

（九）大彻大悟

玄沙之师雪峰义存为唐末禅林名衲，遗有《雪峰义存禅师语录》。雪峰最为得心应手的口头禅就是"是什么？"有个学僧请教如

---

① 见《玄沙师备禅师广录》（《卍续藏》第一二六册）。
② 见《玄沙师备禅师广录》（《卍续藏》第一二六册）。

何是佛妙谛道："如何是者里事？"雪峰开口只有一句反问："是什么？"被他人提问，自己却反问他人，由此可见雪峰对这个"是"，即"这个"与"那个"有着切身之悟。他满怀热忱地期盼提问者能与其站在同一立场，理解"这个"与"那个"这两个语句的内涵。

雪峰不甚了解脱离概念主义束缚来传达这两个语句内涵的方法。学僧请教如何照见自己的本来面目，问道："如何是觌面事？"雪峰厉声呵斥道："千里未是远。"教诲学僧要把自己放到千里乃至万里之外。虽然远隔千万里，同样如同在面前一样。雪峰继续道："我寻常向师僧道，是什么？佗便乱道，口喃喃地，似此等辈，驴年解承当得么？"[①] 我们知道，中国和日本的正式历书中当然不存在什么"驴年马月"，因此这里的"驴年"意味着直至"世界末日"，直至永远。由此可见，禅师都忌避辩论"是"，因为辩论即意味着诉诸知识作用，而不可能将世人导向涅槃寂静的境界。

雪峰的法嗣，福州鼓山神晏兴圣国师入室初参雪峰。雪峰禅师知其缘熟，看到神晏禅师一进门就突然站起身来，一把揪住他而大声喝问："是什么！"神晏禅师当即释然了悟了"这个"意思，只是举手摇曳。雪峰禅师见状知道他已经彻悟，遂拍拍他的双肩，予以印可。[②]

禅师要求参禅者彻见的是无意识的意识。这种意识伴随着我们普通的二元意识。这里所说的"无意识"并非心理学范畴的无意识。心理学范畴的无意识被视为人类心灵的最底层部分，也许是人类认识到自身的存在以来逐渐积蓄下来的一种意识。禅者的"无意识"比心理学范畴的无意识更加合乎逻辑以及认识论，它是一种

---

① 见《雪峰真觉禅师语录》(《卍续藏》第一一九册)。

② 见《五灯会元》卷七《鼓山神晏兴圣国师》。

“无差别智”“无分别智”“超越般若智”。

一般来说，佛教将所谓知识分为“般若”和“分别识”(yijnana) 两种。般若亦称“全智”，或称“超越智”“无差别智”。“分别识”为相对知识，由此分为主观意识与客观意识，包含具体事物、特殊事物的知识与抽象、普遍知识两个方面。般若存在于一切分别识的底层，分别识不依赖于般若，始终依靠自身得以补充，对般若没有依赖关系。但是，分别识不能够由相对知识获得精神上的满足。不论如何积累分别识，都不可能从中寻觅到涅槃寂静的境界。这是因为，单纯依靠科学与哲学绝不可能使心灵得到抚慰，心灵深处终将感知某种欠缺。科学与哲学并不是完完全全地反映真实，真实中包含着超过相对知识及知识的追求所把握的事实。

那么，真实中被知识所淘汰的是什么呢？佛教主张，为了认识这一事实，必须把目光转向般若。般若相当于前述的“无意识的意识”，只要般若，即无意识的意识没有被觉悟，我们就不可能从灵魂的“郁闷”中完全解脱出来，只有认识觉悟到了般若，我们才能够完全彻底地展望意识的内在与外在的整个领域，实在也将一览无遗地展现于我们面前。

禅师将毕生的精力倾注于开拓通往般若智、无意识的意识、无差别智境界之路。这种境界犹如虚无缥缈的幻境，若隐若现，撩拨人心且始终贯穿于人心。世人欲将之把玩于掌中，取姓冠名，获为己有。然而，这种境界并非二元思维的对象，所以不可获知。唯其如此，方才诞生了雪峰的“是什么”以及玄沙的较为概念性的“自性清净”之语。

但是，“是什么”的“是”并非对未来的成熟与进化充满期待的动物或婴儿的朦胧而遥远的意识。与此相反，这是一种历经真挚热诚的探求和努力认真的思索的漫长岁月方能抵达的终极意识形态。我们不能将这种思索混同于单纯的理性作用。如果援用丹麦宗教哲学心理学家、现代存在主义哲学的创始人索伦·克尔凯郭尔（1813—1855）的解释语言，这种思索必须是存在思维，而并非辩证逻辑思维。通过这样的思维方式而抵达的“禅意识”是一个至高无上的意识形态。

我们应该依据上述观点来把握和体会下列雪峰禅师的开示说法。某日，雪峰上堂开示，默而不语。见众弟子站立已久遂开口道：

“诸和尚子，打钟打鼓上来觅什么？有什么苦屈事？还识羞么？且有什么罪过？看着少有特达者。我事不得已，向汝道，是什么？汝诸人才入门来，共汝商量了。便与么承当。却好省心力。莫教到老师口里来。”

雪峰沉默良久，又道：

“三世诸佛不能唱，十二分教不能载。如今嚼涕唾汉争得会？我寻常向你道，是什么？近前来觅答话处。驴年识得么。事不获已。向你与么道。已是平欺你了也。”

一个弟子听了雪峰这番开示后问道：“谦逊之人如何度日？”

师云：“吃茶吃饭。”进云：“莫虚过日么？”师云：“虚过日。”进云：“如何得不虚过日？”师云：“是什么？”①

---

① 见《雪峰真觉禅师语录》（《卍续藏》第一一九册）。

雪峰在开示中频繁地使用了“是什么”一语，语气中似乎流露着一抹焦躁的情绪，而实际上却展现了雪峰游刃有余、悠游岁月的精神境界。这是由于他始终领悟“有为转变世界的寂静一点”而度人济世之缘故。

有僧问雪峰道：“万法归一，一归何所？”雪峰道：“牛皮鞔髑髅。”继而又云：“若实是个人，从地积黄金至青天供养伦亦不足，莫道片衣口食。”说着说着，雪峰忽然又是一声大吼：“是什么？”

雪峰口中的“是什么”意味着将时间与空间同自身的“绝对的现在”融为一体。关于“是什么”我们再来看看雪峰的下一段开示：

> “若也实未会，深信此事不从唇觜得，不从黄卷上得，不从诸方老师处得，且合从什么处得，也须仔细好。如今若不了，百劫千生亦不了。欲知久远，只在如今。且即今是什么？莫乱走，好看著，一生早是蹉过也。”①

下面，继续引用几段与此相关的问答。理解这些问答的内涵，或许有助于我们准确地把握雪峰禅师的“悟”对其处理解答众弟子提出的形形色色的疑问时所发挥的能动作用。这些提问，对于经过现代逻辑思维训练的人来说，看上去似乎甚为不得要领，但对于禅者来说，没有丝毫不足取之处。我们不应该疏忽忘记：诸如日常生活中的饮茶吃饭等微不足道的琐事，都是禅者津津乐道不得丝毫疏忽的大事。例如，动动手指、张张嘴巴、皱皱眉毛也好，牧童信口哼出的小调也罢，无一不禅意洋洋。

---

① 见《雪峰真觉禅师语录》(《卍续藏》第一一九册)。

有僧问雪峰："如何是日常生活？"雪峰提起了拂子：

进云："即者个莫便是么？"

师云："是什么？"僧无对。

问："即近事作么生？"

师云："我未尝见有人问。"

进云："即今问和尚。"

雪峰闻之大喝一声："你这个笨蛋！"

问："如何是古人格？"

师云："我不曾逢。"

进云："和尚为什么不曾逢？"

师云："汝向什么处逢见古人？"

学僧闻之哑口无言。

问："如何是句外事？"

师云："你向者里觅什么？"

进云："即今问和尚。"

师云："将谓是个灵利汉，繇来是个幪袋。"

问："如何是本来本？"

师云："什么处得者个消息来？"

进云："若有消息，即不是本来本。"

师云："作么生是本来本？"

学僧无言以对。雪峰遂道："你来问，我来答。"学僧听后便问。雪峰动手扒光学僧的衲衣，棒打一顿，将学僧赶出寺门。

僧问："拟即隔千里，未审琢磨事如何？"

师云："千里也。"

问："古关不转时如何？"

师云："转也未对。"

云："不转。"

师云："转取好。"

问："承和尚有言，有物密救人，争奈人不知。如何密救人？"

师云："汝争得知。"

问："承和尚有言，含容方丈，未审含容什么？"

师云："出方丈来，与汝商量。"

进云："即今在什么处？"

师云："出来未？"

问："学人拟归乡去时如何？"

师云："汝即今在什么处？"

学僧闻之哑口无言。

问："承古人有言，归根得旨，如何是根？"

师云："萝卜根，蔓菁根。"

问："如何是随照失宗？"

师云："失也。"

问："如何是触目菩提？

师云："好个露柱。[1]

夏安居（夏季集中修禅期间——作者注）结束后，雪峰和尚坐在僧房前面歇息。见到四周众弟子围聚，雪峰遂拈起拄杖问道："我者个为中下根人。"一僧便问："忽遇上上根人来又作么生？"雪峰闻之即刻挥杖打去。[2]

雪峰的弟子鹅湖住持一小禅庵。某日，一个官人前来造访。官人看到眼前的拂子，便拿在手中问道："弟子唤这个作拂子，庵主唤作什么？"

主云："不可唤作拂子。"

使云："天下尊宿出世。如麻似粟。庵主为甚不行脚去？"

听了官人的话，鹅湖如鲠在喉。他深感自己才疏学浅，知识浅薄。于是，鹅湖离庵去参雪峰和尚。雪峰见弟子远道而来，便问："阇黎何得更来？"鹅湖遂将日前与官人会见对话，而未使其心满意足等来龙去脉，一五一十地告知雪峰和尚。雪峰闻之道："汝问我！"鹅湖便将与官人的对话重复了一遍，雪峰即刻斩钉截铁地道出结论："拂子！"[3]

有僧问雪峰和尚道："西院大师迁化向什么处去？"雪峰云："非但仁者，尽大地人也不知。"

---

① 见《雪峰真觉禅师语录》(《卍续藏》第一一九册)。

② 见《雪峰真觉禅师语录》(《卍续藏》第一一九册)。

③ 见《雪峰真觉禅师语录》(《卍续藏》第一一九册)。

雪峰见到高足玄沙，对他说："神楚阇黎问我，亡僧迁化向什么处去？我向伊道，如冰归水。"

沙云："是即是，某甲不与么道。"

师云："汝作么生？"

沙云："如水归水。"[①]

可观禅师初参雪峰，雪峰开口道："近前！"于是，可观遵命迈步向前跪下礼拜。雪峰一言不发，抬脚踏在平伏在地的可观背上。可观忽然深契师意而彻见大悟。后来，可观驻锡南岳山中的法轮寺时，上堂开示云："我在雪峰被佗一蹋，直至如今眼不开，不知是何境界。"[②]

可观在雪峰足下契机证悟，对门下弟子道出了自己当时的心境体验。让我们一起来探讨一下可观的切身开悟经历到底说明了什么。所谓"悟"，蕴涵深远。"悟"得了好呢，还是不"悟"得好？应该明了呢，还是不应该明了？获取自由，而且成为自身的主人公，这不是自由吗？这就是自己当家做主吗？肯定和否定是自我同一吗？所谓"悟"就是寂然无为，就是无所事事吗？如果有人为了实现某种目的，换言之，既然付诸行动，就要考虑是单独行动呢，还是联合行动？是肯定呢，还是否定？这意味着脱离"悟"而失去"悟"吗？寂然而坐，就是无为吗？所谓"无为"，事实上不是在付诸某种行动吗？所谓死亡，就是在付诸某种行动。世间不存

---

① 见《雪峰真觉禅师语录》(《卍续藏》第一一九册)。

② 见《雪峰真觉禅师语录》(《卍续藏》第一一九册)。

在所谓纯粹否定。如果要有所作为，一种否定必将派生出其他否定以及一种肯定。上述这些矛盾相互制约。总而言之，所谓“悟”就是彻底断绝一切逻辑思维和分析。

有僧来参雪峰和尚，雪峰问僧：“甚处来？”

> 僧云：“沩山来。”
>
> 师云：“沩山有什么言句？”
>
> 僧云：“某甲曾问，如何是祖师西来意？沩山默坐。”
>
> 师云：“你肯佗也无？”
>
> 僧云：“某甲不肯佗。”
>
> 师云：“沩山古佛，汝速去忏悔。”[①]

灵观和尚经常闭门独居、养心修禅。有一天，雪峰去叩门。灵观便打开门。雪峰瞬间一把抓住灵观问道：“是凡是圣？”灵观一口唾去云：“野狐精！”遂抖开雪峰双手，又紧紧地关上了门。雪峰叹曰：“也只要识老汉。”

（十）芥子须弥

通过以上的分析和论述，我们或许对禅悟有了一个比较清晰的把握和了解。

悟，与发出“有光！”[②]之声以前的神同在；与即将下达谕令

---

① 见《雪峰真觉禅师语录》(《卍续藏》第一一九册)。

② 见《旧约圣书》《创世纪》第一章。

而开动思维意识之时的神同在；与神同在，与神所放射的光芒同在。

换言之，悟就是神本身，就是神所主宰的空间与时间。

悟，意味着神降临人世，并在人世上意识到了自身的存在。这种意识始终存在于人的意识深层，可以称其为超意识的意识。

悟，不是一种常识性的知识。

悟，超越知识，悟中不存在知识的主体以及知识的对象，因此，悟是一种绝对知识。

悟，不是综合两个含义截然相反的语句而形成的一个更为高级的统合体。“拄杖非为拄杖，而为拄杖”，禅者由此句而证悟。

“人在桥上过，桥流水不流。”悟在此句中。

只要直觉中残存二元思维概念的痕迹，就不能称悟为直觉作用。

悟，是一种积极作用的直觉，与运动对象互动，进而与其融为一体；悟，支配动与未动这一某种意识状态即超意识状态。

每一个个体反映绝对状态，悟产生于这种绝对状态被感知之时。

因此，人生的每时每刻都是永恒，永恒就是人生的瞬间，二者相互融汇、合而为一。这种不折不扣的相即相入状态就是悟的内涵。

悟，不是一种将永恒延伸于无穷无尽的瞬间的思维方式；永恒就存在于每一瞬间之中，因为每一瞬间本身就是永恒。

悟，可以定义为动感的直觉，如果援用心理学术语来解释的话，悟，就是一种“超意识”（super-consciousness）或“无意识”（unconscious）的意识。但是，不能把这种“无意识”与心理学范畴的无意识相提并论。悟的“无意识”与创世纪前的神同在。悟与实际存在的基础为伍，属于宇宙范畴的“无意识”。

这种“无意识”属于形而上学的概念，只有通过悟，我们才能够意识到这种“无意识”的存在。

云门曾上堂开示：

> “人人尽有光明在，看时不见暗昏昏。作么生是诸人光明？”自代云：“厨库三门。”[①]

正如云门禅师所描述的那样：“诸人脚跟下各有一段光明，辉腾今古迥绝见知。虽然光明，恰到问着又不会，岂不是暗昏昏地。”悟，就是我们每一个人本来具有的光明。

如果我们伸出双手遮住光明，则将一片昏暗；换言之，悟排斥将其暴露于相对意识表层的行为，但并不意味着悟处于完全孤绝的状态。所谓“悟”就是意识“无意识”的意识，而不是片刻脱离“无意识”的意识。

悟，表现于“无意识”中。加以清晰明确地阐述的“无意识”，从“逻辑思维”角度来看缺乏条理，而从禅者的观点来看，这是一种极为雄辩的自我表现，这种“无条理性”就是禅。

所谓“宇宙范畴的无意识”，如果援用空间术语来表达的话就是“空”。达到了“空”的境界，就是悟。因此，从认识觉悟事物的本相这一观点来看，须弥山竟然藏身于无数毛孔之中，伸出一根手指，就可以覆盖整个宇宙。

① 见《碧岩录》第八十六则。

第四篇

觉悟之路

禅

（一）禅宗典籍

广而言之，通往悟的途径有两条，一条是通过形而上学或哲学乃至学术知识；一条是通过心理思维乃至主观意志。前后二者，由于难以名状的精神苦闷，都是企盼抓住身边的任何一根稻草而摆脱苦恼这一起点出发的。

这根稻草，由于代表人的性格的主要色彩以及无意识作用的环境因子，而变为知识型或伦理型或感情型。哲学家知识渊博、头脑发达，而从事所谓宗教活动的人一般属于情绪型或伦理型。从某种程度上来讲，我们每个人都是哲学家、科学家、道德家，并且具有一定的心理素质。

但是，我们中的大部分人并没有成为上述所谓某种“家”的强烈愿望。虽然并不是任何人都能够成为哲学家，但是，有一部分人求知欲较为强烈，颇有理论头脑，乐于挑战人生面临的重大课题。这一部分人，即使明了以自己的十足勇气、逻辑思维和敏锐头脑，最终并不一定会在相关领域有所建树，但是，他们仍然沿着自己选择的道路奋步前行。

相反，比较注重情感生活的人往往选择另外一条截然不同的道路。这一部分人，如果有机会接触宗教启蒙者，往往会洗耳恭听他们的人生指南。这一部分人并不打算去深入探讨，而只是希望寻觅一条通往解脱之路，否则堕落的危机将迫在眉睫。他们不可能从容地运用正统理智而生活。这部分人可称其为献身于佛陀的使徒。

一般来说，倾心于禅的人较富于理性思考，但这并不意味着他们富于经常从理论角度考虑问题的精神。换言之，这部分人的思维方式具有理性而直观的倾向。表面上看，他们注重逻辑思维，对于自己不甚理解的事物有兴趣深入探讨，但是他们的求知欲望远远不及立志成为哲学家的人强烈。他们往往在向前行进途中，为了获得最终的解决办法而选择捷径。他们的感性比理性更为活跃。因为他们认为：直觉感知能力对于理解真理具有决定性的作用，是一个易于运用的手段。由于是在与虚空和抽象概念打交道，所以他们并不满足于逻辑分析以及辩证思维过程；相反，他们对直接接触具体的事物极感兴趣。虽然他们的智商极高，但他们并不打算仅仅依赖于此。如果他们没能正确地运用自己的才智而误入歧途，则将永远脱离真正的实在世界。他们对于这一危险倾向的认识虽然较为暧昧模糊，但又具有一定的认识。这部分人由于富有一定理智，所以比较容易从属于某种信仰意志，极容易轻信充满情趣而富有魅力的思维方式，但不会成为其牺牲品。

对于禅宗研究者来说，《景德传灯录》是极为重要的典籍，为宋初道原编撰，分为三十卷，内容包括禅的滥觞以及经六朝时代菩提达摩的阐发弘扬、历代禅师的传承而发展至宋代的禅宗历史。

《景德传灯录》的历史价值在于，收录了历代名僧的问答、法语、开示等其他史籍。《景德传灯录》的历史编年，尤其被奉为六祖慧能以前的祖师传记，并非“历史事实”。我个人以为有必要对照敦煌出土资料进一步彻底地探讨研究。我曾在有关中国初期禅思想史的诸研究中探讨过这一课题。

如果查阅一下《景德传灯录》有关禅宗史上有名禅师的传记，即使较为简短的传记，我们也会从中了解到这些禅师大多对佛教经典、儒教古典及老子等所撰典籍素有研究。这是一个值得禅宗研究者关注的历史事实。他们并没有在理智上满足于对这些历史典籍的探讨研究，而是力图找到一个更为简单而准确，能够达到最终目的的手段和方法。其中最为著名的，当推研究《金刚经》的杰出学者德山宣鉴禅师。

德山宣鉴禅师主要从理性角度研究理解《金刚经》，著有《青龙疏钞》。德山禅师初闻禅法，并未深信。但是，他一定是感觉到了自身的不安情绪，虽然这种意识还较为朦胧。他一定感觉到了自身对禅法的向往憧憬。表面上，德山禅师曾经反对禅法，并以打破禅法为目标。

此外，志道禅师曾经花费十余年时间研究《涅槃经》，未明大意。后来参六祖慧能，以求开悟。《涅槃经》中最令志道费解的是这一段经文：“经云，生灭灭已，寂灭为乐。”大意是说，超越生死即为无上幸福的绝对寂静。

但是，志道对此经文百思不解。他认为，如果生死相对的世界全部毁灭，即事物归于绝对无之状态，任何人都不会残存于世，那么究竟由谁来享受无上的幸福呢？志道认为涅槃就是归于死寂，而得出了如此推论。慧能认为，志道还没有从相对性与理性思维的束缚中解放出来而成为自由之人，遂教诲道："刹那无有生相，刹那无有灭相，更无生灭可灭。是则寂灭见前，当见前之时，亦无见前之量，乃谓常乐。此乐无有受者，亦无不受者……"[①]

也许有人认为，慧能的这段推论未免过于抽象。但是，我认为这种判断是理性思索和合理思考的结果。从禅者的观点来看，慧能的语言直接地表现了他的精神直觉，他活在永远的现在之中。在这个境界里，他亲身地体验了这样一个事实：生死没有发生。

这正是志道孜孜以求的答案。

我在前面谈到，倾心于禅的人较富于理性思考。这意味着他们以理性尝试之后没有得到满足，所以力图发现一条能够更加直接地应对现实的途径。无论出于何种动机，无论以什么条件步入禅门，他们都极其渴望邂逅能够解释终极真理的至为简单实际而有效的"当下一句"，以期从心灵的诸般烦恼、从复杂繁琐的辩证法中解放出来。

禅吸引了较富于理性思考的人，这是一个顺理成章的结果。因为他们体悟到：如果沿着合理的途径探索钻研下去的话，必将陷入死路一条，而悟则是将其从窘境中拯救出来的光明大道。

所谓知性，原本为调节我们与二元思维世界关系的工具，但它并不是一件适合于探求终极实在的工具。因此，有知识、有教养之人必将饱受精神痛苦的折磨，而禅所主张的宗旨将拯救我们。禅宗的典籍向我们鲜明地揭示了这一史实。

---

① 见《五灯会元》卷二《广州志道禅师》。

（二）禅的发展

佛教可以分为知识和信仰两个主流。信仰的要素体现于中国和日本的净土宗流派；知识要素源于5—6世纪印度佛教的龙树派、世亲派和无著派。龙树派将“空观”的极致表现于大乘佛教诸经典中，而无著派和世亲派以唯识论为立宗的理论基础，为倡导观念论、心理学观念的一派。龙树派与无著派、世亲派二者将其思辨水平发展至终极阶段，故而难以期待其出现超越发展。此外，二者远远超出了宗教思想的本来领域。

为了维持其旺盛的宗教生命力，佛教不得不选择移植异国他乡之路。有人认为，问题在于印度思想已经丧失了使佛教作为宗教而发育成长所必需的充足而肥沃的营养。

6世纪初，菩提达摩来到中国，佛教在富有实践精神的人们期待着的土地上，迈出了尝试性的崭新步伐。佛教传入伊始，中国人曾一度排斥与传统的意识思维形态相对立的印度佛教。一般来说，印度人长于思辨，而中国人富于鲜明的实践精神。经过长时期的碰撞磨合，这两个东方民族才得以相互理解，从而促成了禅在中国的成长并发展。

印度精神栖息于空中高悬着的闪烁群星，而中国思想总是难以忘怀地从大地出发。一个禅师与一个深染印度抽象思维模式色彩的学僧的交谈话题涉及了如来：

师曰：“大德讲经二十余座，却不识如来！”

僧礼拜曰：“愿垂开示。”

师曰：“如来者，是诸法如义，何得忘却？”

曰：“是诸法如义。”

师曰：“大德！是亦未是？”

曰：“经文分明，那得未是？”

师曰：“大德如否？”

曰：“如。”

师曰：“木石如否？”

曰：“如。”

师曰：“大德如同木石如否？”

曰：“无二。”

师曰：“大德与木石何别？”[①]

在这段对话中，一方抽象地考虑问题而不触及事物的具象实在，一方注重眼前经验的感觉性事实。即使禅不承认仅仅以感觉性事实为基础的价值，但是否定脱离日常经验。有人问：“何为佛陀？”即意味着他显然将超越自然的存在视为某种崇高之物，禅师答道：“你找来一个并非佛陀之物，即刻让我在这里看看！”如果涉及阿弥陀的血统问题，禅师会脱口而答：“阿弥陀，姓憍尸迦，他的母亲美貌异常。”憍尸迦是因陀罗，即帝释天原为婆罗门时的名称，相当于西方世界的所罗门王。

禅，能够得心应手、随心所欲地回答博学多才的佛教学者为了刁难禅师而提出的各种各样的疑问。为什么禅者能够远远地胜出佛教学者深奥难解的“博学”呢？胜出的原因在于，禅师具有脚踏实地的绝对自信，以坚强信念应对来自任何阵营的任何挑战。纵然佛教学者以

① 见《顿悟入道要门论》卷下（《卍续藏》第一百一十册）。

逻辑理论、一般常识套路为武器，禅者也仍然不走寻常套路，全然不顾是否矛盾、是否一致。二者行走在思维意识截然相反的两条路上。

至于悟，佛教学者无论如何巧妙地运用合理主义的手段也绝不可能抵达这个境界。因为二者之间横亘着一条深不可测的沟壑。跨越这条沟壑，必须实现索伦 · 克尔凯郭尔所主张的“存在的飞跃”(existential leap)。反之，如果一旦达到了悟的境界，则将与理性境界始终相即相入。基于这一理由，所谓学识完全无济于悟。禅师谙熟学者的思维意识停滞于何处，然而学者却不晓自身所处的位置，始终处于暗中摸索的状态。

大德道光禅师被誉为唯识派的杰出学者。唯识派承认各种意识及心的存在。因此，道光向大珠慧海禅师提出了如下的疑问：

> 问曰：“禅师用何心修道？”
>
> 师曰：“老僧无心可用，无道可修。”
>
> 曰：“既无心可用，无道可修，云何每日聚众劝人学禅修道？”
>
> 师曰：“老僧尚无卓锥之地，什么处聚众来？老僧无舌，何曾劝人来？”
>
> 曰：“禅师对面妄语。”
>
> 师曰：“老僧尚无舌劝人，焉解妄语？”
>
> 曰：“某甲知不会禅师语论也。”
>
> 师曰：“老僧自亦不会。”①

禅师刻意地混淆感知经验的事实，其意图在于说服心理学家，

---

① 见《顿悟入道要门论》卷下（《卍续藏》第一百一十册）。

使其从对自以为存在的诸观念的扭曲的执着中解脱出来，获得身心自由。

禅师由悟而得到了极为有利的行动基地，他们可以随时向任何方面的敌人阵地发动攻击。禅师的这块阵地不定位于空间的任何点，所以概念及以概念为基础的任何思想体系都不可能向其发动攻击。禅师所处的位置并非普通意义上的位置，所以运用产生于理性作用的手段终究难以取胜。具有各种思维意识倾向的心理学家、哲学家、神学家都捕捉不到活跃在同一思维意识形态领域中的禅师。由于禅者的世界里毫不介意自家撞着，所以那里是合理主义者争论的禁区。

大珠禅师否认自己有能讲话的口，并且主张不可能用并不存在的口来撒谎。说到“口”，还有一则与此较有关联的公案。

某学僧来参鲁祖山宝云禅师，问道：“如何是不言言？”宝云禅师回答道：“汝口在甚么处？”僧曰：“无口。”宝云禅师又问：“将甚么吃饭？”学僧闭口无对。学僧虽然有所追求，但是没有明了问题的要点。后来，洞山和尚代答云：“他不饥，吃甚么饭？”①

再引用一则关于“口”的问答。石头希迁的法嗣药山惟俨禅师（751—834）看到一个僧人正在菜园种菜，便脱口道：“栽即不障汝栽，莫教根生。”僧人回答：“既不教根生，大众吃甚么？”药山禅师答道：“汝还有口么？”②

禅者的始终充满矛盾且看似不合条理的所有言辞，实际上是他们克敌制胜的法宝。因为禅者深信不疑他们根据自身经验所获得的

---

① 见《五灯会元》卷三《鲁祖山宝云禅师》。

② 见《五灯会元》卷五《药山惟俨禅师》。

优势，这种优势远远超越了形式上的逻辑理论。悟，是思维意识形态的最高级阶段。如果你获得了觉悟，就意味着已经抵达了顶峰，你将体会到至为满足和安定的感觉。这是一个单纯依靠理性所难以抵达的精神境界，所以悟不受理性的干涉和支配。相反，将悟这种难以反驳、否认的经验作为一个基本事实而重视，为了竭力阐明这一事实真相则需要逻辑理论。固有的逻辑思维方式已经不适应解答悟这种经验以及与此相关的禅问答。因此，哲学家应该放弃企图运用抽象逻辑思维来歪曲和否定这种经验的证明方式，而寻找出适应这种经验的崭新的思考方式。

（三）摆脱束缚

禅，出于自身追求事物本原的立场，嫌恶单纯的形式崇拜。形式主义的弊端在于束缚人的手脚和思维，不利于精神自由地发扬和成长。知性主义也可以称其为形式主义的一种，逻辑思维的诸项法则扭曲、摧残、遏制人类本来持有的至高的创造热情。我们从已经引用的大量公案中可以了解，诸如此类的法则与禅者的思维意识方式格格不入。下面，我们一起来看几则禅僧抵制反抗佛教徒自身制定的戒律的话头。

对于佛教徒来说，恪守戒律、持戒修行，是规诫自身言行的一个行之有效而值得赞赏的办法。僧侣在日常生活中遵循戒律，是成为出色的佛教徒以及他人行动楷模的必由之路。但是，当戒律仅仅被视为外表行动的准则，而不具有其他更为深远的意义时，则将成为妨碍人类精神世界发展的绊脚石，从而被人嗤之以鼻。被戒律这副枷锁束缚着的禅僧一定会有类似的感觉。南岳怀让、南泉、临济、德山等唐代禅宗史上杰出的高僧都曾经执着地钻研过戒律文献，最终都没有从中得到内心世界的满足。其中，罗汉桂琛（867—928）的经历较为突出。

有一天，罗汉桂琛上堂，为僧众宣讲戒律。宣讲结束后，他不禁反复思酌：戒律不过是限制佛教徒身体一举一动的规章制度，毫无引导精神解脱的功效，自己期望的目标仅仅依靠口头宣讲是难以达到的。基于这一认识，他终于舍弃戒律，当即投入了禅修生活。①

禅，以引导参禅者摆脱人为的修行规定以及理论的束缚为己任。换言之，禅者企盼从既成概念中解脱出来，成为自由之身。人，这种高级动物与众不同之处在于，人可以创造概念，并为自己所创造的概念左右自身的行动。

但是，概念并不可能完全概括客观实在，我们的内心深处总是隐藏着企图巧妙地挣脱概念之网束缚的念头。许多人比较容易自满，他们总是自欺欺人地认定：自己完完全全地支配着客观实在，不论在任何方面，自己都是这个世界上最自由、最幸福之人。这种自满和自欺欺人的思维方式，仅仅局限于自我意识的表层，不可能长远持久，终有一天，被催眠术暂时麻痹而潜藏在灵魂深处的本性将暴露无遗。

禅家，以教化学人摆脱束缚、获得真正的自由、成为自身的主人公为己任。禅家的接机施教手段绝不马虎，绝不敷衍了事。禅家，要求参禅者要毫不留情地铲除身上所有概念主义的烙印，要求彻底舍弃至死也不愿脱手的“家底儿”，即奉行至为彻底的否定哲

---

① 见《五灯会元》卷八《罗汉桂琛禅师》。

学，而抵达已经失去了否定对象，毫无一物的绝对否定的境界，这就是所谓“大涅槃”。

一位佛教哲学者请教大珠慧海禅师：“如何得大涅槃？”

师曰：“不造生死业。”

曰：“如何是生死业？”

师曰：“求大涅槃是生死业，舍垢取净是生死业，有得有证是生死业，不脱对治门是生死业。”

曰：“云何即得解脱。”

师曰：“本自无缚，不用求解。直用直行，是无等等。”①

这段话最后一句“是无等等”中的“是”，即“这”，应该如何理解呢？“这”就是“悟”。“是”是一种即使使用至为精密的“概念网”也捕捉不到的间不容发的体验。中国古文典籍经常在这种句子中省略代名词。“直用直行”一句中的主语和宾语也被省略。这里的“行为、行为者、行动”三者合而为一，三者为一，“这”三者共为一物，“这”就是“it”。这样解释的话，可能英美人较容易理解。

（四）叩开禅门

禅，要求参禅者否定人生道路上的一切附属物，甚至强调，就连否定的意图也要加以否定。唯其如此，我们才能够抵达绝对

① 见《五灯会元》卷三《大珠慧海禅师》。

无即空的彼岸。但是，如果思维状态中还对这种状态有所意识，则意味着还残存着必须彻底清除的渣滓，而不能称其为获得了完全的解脱。

事实上，只要我们的思维状态中还残存着貌似意识的痕迹，距离悟就还有十万八千里。可能会有人对这样的解释生疑而问："那么，为什么悟可以用口表达出来呢？"所谓绝对空的"心"并非空白状态，不可能只有草木和瓦砾。但是，禅所追求的境界既不在其上，也不在其下。禅师经常这样教诲学人：完全毁灭为人的意识，成为一个毫无感觉的无机物！即所谓"断碑横古路"。显而易见，这是非合理主义的绝顶。

但是，这正是禅力图将习禅者驱往的境界。因为禅正是为了达到解脱和觉悟而要求学人摈弃一切知见。意识的消亡、无机物的非感觉性、否定的无限连续、绝对无的绝对不可能实现性等诸观念，都是概念主义的产物，禅绝对禁止从这条完全相反的途径入门问道。沿着这条道路也绝不可能抵达禅所追求的境界。

云门宗之祖云门文偃的弟子请教其师道："不起一念，还有过也无？"云门答道："须弥山。"① 云门用这短短的一句话巧妙地启发学僧：禅与妄想、分别等任何微不足道的概念都风马牛不相及。正如大珠慧海禅师所说："本自无缚，不用求解。"② 如此说来，仅仅侈谈什么"否定"，本身就已经是犯了弥天大过了。

严阳尊者为赵州丛谂禅师之法嗣。严阳初参赵州和尚，问："一物不将来时如何？"赵州和尚答道："放下着。"严阳曰："既

① 见《五灯会元》卷十五《云门文偃禅师》。

② 见《五灯会元》卷三《大珠慧海禅师》。

是一物不将来，放下个甚么？”赵州曰：“放不下，担取去！”[①] 在这脱却我法二执的紧要关头，我们总是思前想后，不能抛弃这“无一物”，而真正抵达无一物的境界。

有僧问和尚：“离却言句，请师道？”和尚闻之，咳嗽一声道：“离开嘴，来问我。”[②]

诚然，概念对于驱除概念是必要的，但是我们应该了解把握这一界限。禅，被认为是摆脱这一窘境的唯一之路。重要之处在于从内心深处观察自己，看穿自身的存在，觉悟依靠知性作用而绝不浮现于意识表象上来的深层作用。也许有人认为这就是直觉的作用。我以为，直觉这一观念，使人不由得想象出两个事物的相见，所以不如将其称为“自知”（self-awareness）或“自我同一”（self-identity）的体验为妥。禅的使命在于赋予学人把握这种体验的机遇，而不在于议论争辩：这种体验究竟是否可行？能否使人满意？这种体验的意义到底在哪里？等等。这种内容的讨论和争辩属于推量范畴，而所谓推量，无论如何使之确立一个彻底的信念，也绝不可能成为体验本身。由于它缺乏自主性，最终将沦为一种形式主义。

禅师已经亲身经历了这种体验，所以洞悉其中奥妙。因此，如果从所谓合理主义的观点来看，禅师擅长速答和反问、借题发挥以及解决矛盾和反驳等。换言之，从禅师口中根本听不到符合我们普通人思维方式的答案。而这些正是禅师为了使身陷无可奈何困境、期盼通过努力参学而获得精神自由和身心解脱的学僧，早日从体验的深渊中脱身而出的最佳途径和手段。禅是通往这些求道者头脑

① 《五灯会元》卷四《洪州新兴严阳尊者》。

② 见《赵州语录》第二百五十四条。

疑团中唯一的途径，所以禅师的一言一语将开启求道者封闭着的心扉，而引导其抵达自身期盼的彼岸。这在禅师接机施教的过程中是司空见惯之事。

“如何是西来意？”即什么是佛法的真髓，这是初参者经常请教的疑问。针对“达摩祖师为何西来华夏”之问，禅师反问：“汝从甚处来？”僧问：“如何是正真道？”师曰：“骑驴觅驴。”而当宾主不分的“绝对”成为讨论争辩的话头时，禅师则信口曰：“昔年曾记得。”学僧间不容发地追问：“即今如何？”禅师曰：“非但耳聋，亦兼眼暗。”①

知性作用将实在分为主观与客观，当这种作用不复存在时，生命则成为一个毫无裂纹的整体，所以这位禅林老衲多少有些耳聋眼花也是极为正常的现象。问题的关键在于，真正地认识并破除一切概念式矛盾的完美的自我同一状态。但是，这种自我觉悟既不属于心理范畴，也不属于理论范畴，而是一种所谓“灵性”。之所以称其为“灵性”，是因为没有任何人能够说出自己觉悟到了什么，也不存在任何可称其为被自我觉悟的对象；然而就是在这一无所有之处，存在着了了分明的自我觉悟，这就是所谓“悟”。

普通场合，作为一种意识的对象，这种不可思议的思维方式不会发生，但这并不意味着终止思维活动。事实上，整个宇宙即包括被称为“实在”的万物，我们世间凡夫的所有一切就是“这”(it)。所谓禅修的目的在于，尽可能地调整我们的相对意识而抵达“这”个境界。

这个境界究竟风光如何呢？宋代天台山云峰光绪至德禅师云：

---

① 见《五灯会元》卷八《白龙道希禅师》。

"但以众生日用而不知。譬如三千大千世界，日月星辰、江河淮济、一切含灵，从一毛孔入一毛孔。毛孔不小，世界不大。其中众生，不觉不知。若要易会，上座日用亦复不知。"[①]

纵有千般原委，世上凡人为求知的好奇心所驱使而探寻其中的秘密，勾起一片好奇心的实际上就是秘密本身。创造了我们这个世界，并使世间充满罪恶之子的是神。但是，由于难以预见罪恶之子将如何放纵作恶，神想出了拯救罪恶之子的方法，而理性就是其中之一。

或许有人持有上述想法。但是，基于照见自身本原这一意图，创造了世界和万物生灵的就是神。被造者意图抵达神的境界的欲望，就是企望照见自身本原的神的欲望。神，出于自身的好奇心而创造了知性，但超越人类理性的最不可思议之事就是：神极欲照见自身本原。理性制造了所有疑问而使自身陷于困惑，故而理性不是神照见自身本原的合适工具。唯其如此，持有知性倾向的学人为了寻找解决的办法而叩开了禅门。

（五）悟道因缘

下面，我们通过几则禅师的悟道因缘，来看一看禅林古德步入禅门的途径。

五祖山法演禅师（？—1104）为绵州人，35 岁出家受具，初学大乘佛教的唯识学。唯识学派主张："菩萨入见道时，智与理冥，境与神会，不分能证、所证。"当时，西天竺有一哲学者曾

---

① 见《五灯会元》卷八《云峰光绪禅师》。

就此观点反诘比丘僧团曰："既不分能证、所证，却以何为证？"比丘僧团中无人站出来应对，因此，寺院被迫撤掉钟鼓，比丘被勒令反穿袈裟。比丘僧团遭到了所谓"外道"的羞辱和贬损。后来，三藏法师玄奘（600—664）西天求法，辗转至此，当众阐述曰："如人饮水，冷暖自知。"有力地反击了外道的非难，解开了这一理论疑团。

接触了这一历史因缘之后，法演心中顿生疑惑曰："冷暖则可知矣，作么生是自知底事？"于是便向讲经法师请教："不知自知之理如何？"讲经法师难以解其疑问，便引导法演："汝欲明此，当往南方，扣传佛心宗者。"法演遂负笈出关，游方参学。由于心中的疑团始终未得解开，法演终于叩开了禅门。

法演参透禅林大德悟道因缘后，上堂示众，从自身寻觅到的参悟角度曰："佛祖生冤家，悟道染泥土。无为无事人，声色如聋瞽。且道如何即是？恁么也不得，不恁么也不得，恁么不恁么总不得。"当时，有一学僧站出来强辩道："恁么也得，不恁么也得，恁么不恁么总得。"

法演闻之向众僧大喝道："我也知你向鬼窟里作活计。"

法演自觉寂日不久将至，上堂辞众曰："赵州和尚有末后句，你作么生会？试出来道看。若会得去，不妨自在快活。如或未然，这好事作么说？"说到这里，法演沉思良久，继续道曰："说即说了，也只是诸人不知。要会么？富嫌千口少，贫恨一身多。珍重。"①

洞山良价禅师（807—869）为晚唐禅林高僧，正如其法名所示，为曹洞宗始祖。洞山倾心禅门缘于初闻《般若心经》中"无眼

---

① 见《五灯会元》卷十九《五祖法演禅师》。

耳鼻舌身意”之句。早年，由于始终未能参透“无眼耳鼻舌身意”之句，颇为其恼。他用双手触摸自己的脸庞上长着的眼睛和鼻子而百思不解。难道经文有误吗？难道佛陀口出谎言吗？从这段参悟因缘中我们可以清楚地了解，洞山当年颇为倾心哲学理论。

年届21岁那年，洞山落发出家，受具为僧。游化四方拜师问道途中，他最初参拜的是马祖的得意高徒南泉（748—834）。

当天临近马祖圆寂忌日，南泉依循惯例召集众僧设斋筵。南泉伺机向众僧发出一问：“来日设马祖斋，未审马祖还来否？”众僧默然以对，洞山却站出来答道：“待有伴即来。”

其后，洞山去参拜沩山。向师求教“无情说法”之句的究竟含义，此句始于六祖慧能的弟子慧忠国师（？—775），即“非感觉的存在（非情之物——作者注）如何阐述大法”之意。沩山回答：“我这里亦有，只是罕遇其人。”洞山不明其中含义，请师教示。沩山答道：“父母所生口，终不为子说。”

经沩山指点，洞山辞师直接前往云岩禅师门下，继续参问求教。洞山举出前缘，便问云岩：“无情说法，甚么人得闻？”云岩答曰：“无情得闻。”洞山问：“和尚闻否？”云岩云：“我若闻，汝即不闻吾说法也。”洞山问：“某甲为甚么不闻？”云岩遂竖起拂子云：“还闻么？”洞山答曰：“不闻。”云岩云：“我说法汝尚不闻，岂况无情说法乎？”

至此，洞山终于明心见性，茅塞顿开，并述偈感叹曰：

也大奇，
也大奇，
无情说法不思议。

若将耳听终难会，
眼处闻时方得知。

洞山证悟之偈得到了云岩的印可。洞山辞别云岩之际，问道："百年后忽有人问：'还邈得师真否？'如何祇对？"云岩沉思许久云："只这是。"云岩还叮嘱道："价阇黎，承当个事，大须审细。"当时，洞山对云岩的叮嘱之意迷惑不解。后来，当他渡河时偶然看到自己映在河中的倒影，豁然彻悟了云岩谆谆叮嘱的旨意，便当即又作了一个偈子：

切忌从他觅，
迢迢与我疏。
我今独自往，
处处得逢渠。
渠今正是我，
我今不是渠。
应须恁么会，
方得契如如。①

与洞山的哲学思维方式相比较，龙潭崇信的接机施教手段可以称为实践型。龙潭崇信是以"德山三十棒"闻名禅林的德山之师。崇信出身贫穷，出家前以卖饼为生。他每天都拿出十个烧饼供养潜居禅院的道悟和尚。道悟十分欢喜地收下烧饼，却总是剩下一个还

---

① 见《五灯会元》卷十三《洞山良价禅师》。

给崇信。道悟对崇信曰 :“吾惠汝以荫子孙。”一天，崇信忽然自言自语地念叨 :“饼是我持去，何以返遗我邪？其别有旨乎？”于是造访道悟叩问缘由。道悟曰 :“是汝持来，复汝何咎？”道悟的这句话开启了少年崇信的心扉，他便决心出家，追随道悟参禅问道。

崇信出家跟随道悟许久，却从未听到道悟为其开示心要。一天，他鼓足勇气问道悟和尚 :“某自到来，不蒙指示心要。”道悟回曰 :“自汝到来，吾未尝不指汝心要。”崇信又问 :“何处指示？”道悟云 :“汝擎茶来，吾为汝接。汝行食来，吾为汝受。汝和南时，吾便低首。何处不指示心要？”崇信不明其意，沉思良久。道悟借机当即道 :“见则直下便见，拟思即差。”崇信闻之，当下豁然开解，大彻大悟。

接着，崇信又问道悟和尚 :“如何保任？”道悟答曰 :“任性逍遥，随缘（境遇——作者注）放旷。但尽凡心，别无圣解。”所谓“凡心”可称为，基于二元实在观的思念及想象等，如果祛除了“凡心”，自然萌生绝佳体验，即证悟。①

崇信悟道后，前往湖南澧阳龙潭住山，龙潭为“龙池”之意。有一天，德山前来澧阳参谒龙潭崇信。德山直接来到法堂问 :“久向龙潭，及乎到来，潭又不见，龙又不现。”崇信一听，遂欠身而道 :“子亲到龙潭。”德山默默无语，心中钦佩，于是决定留下，随师参学。后来，玄觉和尚评述这段悟道因缘说 :“且道德山肯龙潭不肯龙潭，若肯龙潭德山眼在什么处？若不肯为什么承嗣他？”②

德山来参龙潭之前，以注释《金刚经》而闻名。改入禅门以

---

① 见《五灯会元》卷七《龙潭崇信禅师》。

② 见《五灯会元》卷七《德山宣鉴禅师》。

后，并没有埋头潜心于有关般若的争论。德山以猛烈的棒喝接引手段及独特的峻烈禅风闻名禅林。不论“然”与“否”都是“三十棒”。他传给后世的偈颂，概括了禅的实践型教义的精髓。

德山曾上堂开云：“无事于心，无心于事。”(Be businessless in mind，be mindless in business)。偈中的“事”(business) 并非通常意义上的“事件”“事情”“偶发事件”“事实”“小事件”等。偈中的“无事”(businessless) 是“无妄想分别执著”“心中清净无染”“无做而做”“不思明日而生”“如野百合般生长，如飞禽般翱翔”之意。大自然中，风吹而枝斜花落，清风非怀恶意，树木不抱敌意，故此“无事于心”意味着如处清风吹拂、树枝倾斜、鲜花绽放、飞鸟歌唱之境，意味着摈除心中的肉欲情色之念、自我中心之念、权势物欲之念等。

人，生活在主观意识判断之中，对人生中相逢的所有事物悉数加以价值区分。人，是被造物中的精灵，可以随心所欲、为所欲为。同时，人的内心世界中还存在着这样一种意识，即如保罗所表述的“我所愿意的善，我反不做；我所不愿意的恶，我倒去做”。[①] 保罗代言呼喊的“取死的身体[②]”，即犯罪的躯体这种凄惨的绝望状态，就是整个人类内心持有的矛盾。而只要我们依据合理主义、道德主义设定的标准判断事物，就绝不可能从充满巨大精神痛苦的矛盾中解脱出来。禅家将这种矛盾称为扰乱心神的“事”，因此，所谓“无事”，就是不做理性和道德的俘虏之意。

“无心于事”将“无事于心”颠倒，客观地加以改动而成。

---

① 《罗马书》第七章第十九节。

② 《罗马书》第七章第二十四节。

“事”即日常生活，“无心”意味着抛弃为所欲为的盘算，即“我内心深层的人，喜欢神的律”。[①] 保罗口中的“我内心深层的人”即相当于德山的“无心”。持有巧妙盘算之心着实令人羡慕，因为在这个世界上可以获得成功。但是，这颗巧妙盘算之心不会有助于我们抵达真正幸福的精神彼岸。当我们的一切行为，构成我们世俗生活的一切“事”，达到“无心”境界之时，我们将尽享毫无“可视的愿望”，而充满“不可视之处的愿望”的无目的之生活。我们应该记取：只有尽享“无心”“无事”“无目的”之生活的禅者，方为“爱神之人，就是按其旨意被召之人，而非依照人的意愿而召之人”。[②]

援用耶稣基督的言语，“无心无事”是不“体贴肉体”，“体贴圣灵的乃是生命的平安”。[③] 所谓无心，就是纯粹自然而为，或许可以认为是机械式和无目的之意。禅者“无心”之语，意在表现无心无我地接受“要把儿子送到死地的父亲”[④] 之意志。

所谓圣灵之念，意味着没有“恼于吃什么、喝什么的生命忧虑，恼于穿什么的身体忧虑”。[⑤] 但是对于某些禅师来说，解决衣食问题与专心致志于精神锤炼同样重要。因为所谓“肉体”（色身），从现实经验来说，如果没有肉体也就不可能存在精神（法身）。理解了这个道理，我们就会格外珍惜自己。话虽如此，这并非意味着唯物主义者所主张的肉体先于精神之意。事实上，脱离了

① 《罗马书》第七章第二十二节。

② 《罗马书》第八章第二十八节。

③ 《马太福音》第八章第六节。

④ 《马太福音》第十章第二十一节。

⑤ 《马太福音》第六章第二十五节。

精神物质焉存，脱离了物质精神焉存。因此，不应肯定此而否定、无视彼的存在。如果实事求是地阐述禅家的立场的话，物质与精神始终不二，即意味着非二亦非一，一中之二，二中之一。

中唐禅林名衲马祖的高徒庞居士曾在诗偈中阐明“日用事”的内在深刻含义，即“神通并妙用，运水与搬柴”。[①]

宋初大愚守芝禅师的法嗣云峰文悦初参禅师。一天，大愚和尚示众云：“大家相聚吃茎齑，若唤作一茎齑，入地狱如箭射。”说完便下座回丈室。当时，文悦禅师对大愚和尚的这段法语感到非常惊诧。于是，当晚，他便独自一人来到丈室，请求大愚和尚开示。

大愚和尚问：“来何所求？”文悦禅师道：“求心法。”大愚和尚又道：“法轮未转，食轮先转。后生趁色力健，何不为众乞食？我忍饥不暇，何暇为汝说禅乎？”文悦禅师不敢违命，从第二天开始，便为寺众托钵乞食。不久，大愚和尚移锡翠岩，文悦禅师遂把化缘所得上交给寺院常住之后，前往翠岩，请求和尚开示。大愚和尚道：“佛法未到烂却，雪寒宜为众乞炭。”

文悦禅师只好又奉命四处乞炭。乞炭之后，大愚和尚又吩咐文悦禅师道：“堂司阙人，今以烦汝。”文悦禅师虽然接受了吩咐，但是内心却极为不满，怨恨大愚和尚不近人情。

一天，文悦禅师在僧堂后面如厕，突然木架上木桶的桶箍断裂，从木架上掉落。文悦禅师被这突如其来的响声打断了念头，当即开悟，明白了大愚和尚的良苦用心，于是急忙穿上僧伽梨衣，前往丈室礼拜大愚和尚。大愚和尚出来笑迎道：“维那，且喜太（原刻如此，依文当作“大”）事了毕。”文悦禅师激动得连一句话都

① 见《五灯会元》卷三《庞蕴居士》。

说不出来，只是一再礼拜叩谢。

文悦禅师悟道后，为报师恩，服侍大愚和尚八年。后出世传法，移锡翠岩。[①]

（六）盘珪求道

某日，玄沙师备禅师上堂开示云：

> “汝诸人如在大海里坐，没头浸却了，更展手问人乞水吃。”[②]

玄沙禅师这句开示语道出了禅修的真髓。参禅者经常高谈阔论如何入道参禅，我以为这些引论都是在做无用之功。对于参禅者来说，至为难以理解的是诸如“我是谁？”“我从何处来？”“为何而来？”等始终引人入胜的问题。为了满足众僧的好奇心，玄沙禅师接着阐述了禅僧必须具备的素质：

> “夫学般若菩萨须具大根器，有大智慧始得。若是根机迟钝，直须是勤苦，日夜忘疲，莫只是记言记语，被人诘问着。”[③]

玄沙禅师所指的非凡的品性（大根器）以及渊博的知识（大智慧）意味着什么呢？毋庸置疑，禅修要求具有丰富完整的理性知

---

① 见《五灯会元》卷十二《云峰文悦禅师》。

② 见《玄沙师备禅师广录》(《卍续藏》第七十三册)。

③ 见《玄沙师备禅师广录》(《卍续藏》第七十三册)。

识，同时还需要坚忍不拔的品性。为了完美地成就一项事业而置世间万事于不顾并非易事。如果没有非凡而坚强的意志，就谈不到什么修禅。

首先，需要“大智慧”的觉悟，即认真反思：亲身体验将自身深深卷入大海这一举动的意义何在。将包容吞噬万物的大海与自身相隔开来的是知识的作用。正因为如此，我们才憧憬渴望生命的源泉。这是人类的一个伟大的精神悲剧。渴望憧憬生命之源泉，而被生命之源泉所包围，泉水侵蚀着身体组织的所有细胞，而其本人却毫无意识觉悟，将渴望与憧憬寄托于自身之外，力图超越“大海”而脱身。

知识为“万恶之源”，但是如若没有知识，即使我们朝着超越知识的伟大目标向前，也不会有所觉悟。知识可以将我们与我们身处的大海分离开来，如果没有这个分离，我们或许将永远盲目无知地长眠于波浪之下。正如玄沙禅师的开示语所云：唯一的障碍在于我们在以语言、概念及与其有关的种种发生物寻找“大海”。其结果，将使我们一无所知、麻木不仁，即使他人有求于己，也不能将自身的精神财富有所贡献，满足不了他人的精神需求。

富有“大根器”和“大智慧”的禅师，当推江户初期的盘珪永琢和尚（1622—1693）。他的生平经历可以称为公案诞生以前的禅门施教的典型以及禅门形而上学的入门。

盘珪永琢和尚出身于士族，其父菅道节从医，家住当时的播州浜田村。盘珪自幼个性倔强，厌烦习字和中国古文学习，经常擅自从私塾早退。十岁丧父后，长兄掌管家事。其兄恼于盘珪的任性无羁，为了防止他擅自早退，吩咐归途必经的一条河流的摆渡船工，不要让早退的弟弟搭船。但是，其兄的一片苦心丝毫没有难倒盘珪，他牢骚满腹地嘟囔着：“不让我搭船，我就蹚过河去，反正河底下的土地是连着的！”说完跳到河里，扑腾扑腾地挣扎着过了河。当时，村里的孩子们常在河两岸分成两伙打石子儿仗，盘珪加入哪伙，哪伙准赢。理由非常简单，如果对方不服输，盘珪就绝不收兵。

盘珪长兄的管教异常严格，但方法流于俗套，由于一直没有了解盘珪的秉性，所以兄弟之间的关系特别紧张，年轻的盘珪为此苦恼异常。为了避免兄弟之间的关系继续恶化，他决心自杀了结生命。他想到过去曾听说蜘蛛有剧毒，就捉了不少蜘蛛吞了下去，然后躲进了一个小庙里，坐着等死，结果却没有如愿。

这是发生在盘珪十岁左右的事情。后来，其兄在当地为他请了一位儒学先生，他才开始快快活活地从师学习儒教经典《大学》。盘珪深为其中“大学之道在明明德”一句的含义所恼。何为“明德”？他百思不解，急欲解开这个疑团。儒学先生为了帮助他解开谜团，灌输给他不少有关知识，最终都没有使他得到满足。盘珪渴望获得的不是什么定义或说明，而是“明德”一句的本来面目。

正是“明德”这个疑团将盘珪引入了禅门。盘珪是这样说明他的精神冒险经历的：

“家父原在四国地方以浪人为生，为儒者。我是移居本地后出生的。幼时家父亡故，由家兄抚养成人。据家母讲，少年时代，我顽皮任性，家人束手无策。当上了淘气王以后，每天惹事生非。但是，据说我从两三岁开始，对于死亡异常敏感和厌忌。每当我无缘无故地号啕大哭时，家人总是扮成死相，或者扯出鬼神儿话题，于是我立即乖乖地停止哭泣，变成了一个听话顺从的孩子。

“少年时代，母亲把我送到汉文先生那里，学习汉文典籍。当时，我们家乡儒教盛行，当先生教我读到《大学》中‘大学之道在明明德’一句时，无论如何也不甚明了其中含义。‘何为明德？’这个疑问一直困扰着我，遮挡着我的视线，使我迷茫彷徨。于是，我四处拜访儒学者，请教‘什么叫明德？’‘明德是个什么样儿？’结果，始终没有寻觅到启蒙之师。儒学者们说：‘我们回答不了这个难题，你最好去找禅师问问，他们也许回答得上来。’儒学者们还辩解说：‘我们这些人主要负责教授儒教经典的词语意思，至于明德这句话的内涵我们搞不太清楚。’听到儒学者们的这些话，我感到十分沮丧和失望。但是，当时我们家附近一个禅宗寺院也没有。

“无论如何，我都要把‘明德’的含义弄个一清二楚，搞个水落石出。我还暗下决心，我一定要在年迈的老母去世之前，亲口把‘明德’的含义告诉她老人家。于是，我利用一切机会四方拜师，参加各种佛教法会和讲经会。回到家后，就一五一十地讲给母亲听。我一直彷徨在‘明德’这个难题的汪洋大海中，毫无进步。

“不久，我终于寻访到了一个禅师，遂登门请教‘明德’二字的含义。禅师指点我说：‘你要想解开何为明德的疑团，就去坐禅吧！’于是，我从此踏上了坐禅问道的崎岖漫长之路。我登高山攀险峰，找到一个山洞就钻了进去，面壁席地打起坐来。我经常一坐就是七天，不饮不食。有时，由于饥肠辘辘而体力不支，从岩石上掉下来摔得遍体鳞伤。

“经过了一段漫长的苦行僧般的坐禅生活，我依然一无所获。

后来，我返回老家，在村里搭了一间小屋，把自己关在里面，不休不眠，念佛度日。日复一日，只是平添焦躁烦恼而仍一无所获。

“由于不分昼夜、废寝忘食地拼命修行，我臀部溃烂，浑身皮肤开裂，疼痛难忍。有时伤口出血，我就不停地拿纸或碎棉花垫在下面，免得肉体和草席粘在一起。哪怕再困再累，我都没有睡过一觉。经过几年的痛苦折磨，我终于得了急病而倒下了，但心中的悬念并没有发生任何变化。

“我身上的疾病日益加重，身体衰弱不堪，经常口吐血痰。亲朋好友见状焦急万分，纷纷劝我静养，还找了一个人专门料理我的起居。但是随着病情的加剧，我除了米汤什么都咽不下去了。我已经做好了迎接死亡的精神准备。虽然，我对这个世界并没有什么留恋执着之念，但是最终没能解决‘生’这一人生大事而告别人世，不禁令人遗憾万分。正当我思前想后而坐卧不安时，口中丝丝发痒，一口黑血团吐了出来。血痰吐出来后，胸中平复了许多。这时，我的脑海里突然闪现出这样一个观念：世间万物皆为‘不生’，毫无棘手为难之处。这个观念占据了我的精神意识的整个领域，我醒悟到：我一直误入歧途，为了一些无聊琐事而空费了巨大的精力。

“我感觉自己仿佛获得了再生，欢欣喜悦之情不可言状，马上请看护给我稀粥。看护万万没有想到，这个连米汤都喝不进去的濒死重患，怎么突然要喝带米粒儿的粥呢？看护欢天喜地地马上为我端来了稀粥。结果，我一口气喝了两三碗半生不熟的稀粥，却丝毫没有影响健康恢复。后来我的身体逐渐康复，直至今天都十分健康。

“我长年渴望的目标终于得以实现了。我将来龙去脉原原本本地告诉了母亲。使我无比欣慰的是，母亲分享了我的喜悦后不久安详地谢世，往生净土了。

“见性证悟之后，尚未有人能够驳倒我的观念。体验证悟之前，虽然我经历了漫长的真理探求，但是在摸索前进的崎岖之途中始终没有遇到一位良师益友的点拨教诲，而付出了不堪回首的沉重代价。艰辛而漫长的求道生活无情地摧毁了我的身体，至今也难以拖着病体随意外出，与学人交流我的‘不生’体验，成为终身遗憾。

“当时，为了找到可以印可我的‘不生’体验之师，我费尽了周折。后来，偶遇一位在长崎兴禅布教的中国禅师。这位禅师道风卓越、学问渊博，使我受益匪浅。人生旅途中的良师益友至为重要，可以使我们的参禅修道生活少走弯路、少跌跟头，顺利到达觉悟的彼岸。

“我近来常与各位学人切磋参禅体验，是为了亲眼印可各位的禅悟。如果有所体验觉悟，尽可全部倒出来，共同分享证悟的禅悦。”①

（七）不生之禅

那么，所谓“不生”的本来面目是什么呢？盘珪禅师是这样概括的：

学人受惠于父母双亲的只是“佛心”，而这颗佛心尚未诞

① 见《盘珪禅师语录》（铃木大拙编校，岩波书店，1993年出版）。

生，无疑充满着智慧与灵光。尚未诞生，所以不会死亡。但是，不会死亡并不意味着“不灭”。佛心不生，不生之佛心完全主宰世间一切事物。

过去、现在、未来的三世诸佛以及出现在我们参禅者面前的历代祖师，都是出生现世之后人为的冠名，依据“不生”观点，都是次要的末节，而并非本来面目。

学人如入“不生”境界，则如处三世诸佛及历代祖师的本源境界。诸位学人如确信不疑“佛心”即“不生”之理，则不仅任何凡人都不会寻觅到学人的居所，甚至佛陀与历代祖师也不可能知晓学人的所在，释迦佛祖也不可能窥见学人的真实面目。如果坐在草席上的诸位学人抵达了确信不疑的境界，诸位就是安详肃穆地稳坐席上的“活如来”，而无需我所付出的孜孜不倦的努力。

诸位学人抵达确信不疑境界的瞬间，则将平添正确观察评价他人的慧眼，这是我通过切身体验获得的真理。自从我获得了这双慧眼之后，没有出现一次观察判断失误，老衲既然如此，诸位学人亦然。因此，禅宗亦称“明眼宗”。诸位学人抵达确信不疑境界的瞬间，则具有不生之佛心，与之共存共生。佛心受惠于父母双亲，因此禅宗亦称“佛心宗”。

诸位学人一旦抵达确信不疑的境界，则将不会以谎言欺骗他人。即使天下人都颠倒黑白地坚持“鹈（黑色）即鹭（白色）”的观点，根据日常生活经验，鹈天生就是黑色，而鹭本来就是白色，所以绝不会上当受骗。佛心就是智慧与灵光，如果抵达了以不生之佛心主宰一切事物的境界，诸位学人则将心明眼亮、善辨是非、不迷不惘，这就是终生以“如来”之身度世为人的“不生”之人。[①]

盘珪禅师关于自我觉悟的概况论述，展示了他自身抵达禅悟境界的手段与方法。概而言之，盘珪禅师为了追求深奥叵测领域的无尽宝藏，不惜粉身碎骨，求道探索不止，历尽千难万苦最终抵达了见性觉悟的彼岸。虽然我们还应该进一步详细了解他苦行僧时代心灵深处的状态，但是通过他的论述，我们已经大体了解了盘珪禅师抵达见性觉悟彼岸的途径。这将有助于我们了解历代禅师为之赞赏和推崇的觉悟途径。

盘珪禅师首先由《大学》的主要命题“明德”出发。他所接触过的儒学者都承认“明德”这一概念的存在，但是由于他们自身职业的局限，往往在约定俗成的外在法则领域寻找答案。相反，盘珪禅师投身于亲身体验，渴望用自己的双眼和双手去把握“明德”的真实面目，而没有满足于语言和文字。亲身的具体实践是禅家的一个鲜明特色，事实上，这正是禅宗与其他一切宗教及哲学理论的根本区别之所在。盘珪禅师的参禅修道顺理成章、水到渠成。

所谓了解，就是将被理解物与了解者置于相对立场。因为被了解的知识通常分为两个部分，所以知识本身并不能成为物体本身。我们的了解对象是与物体相关部分，即物体的可知部分，而不是物体的全部。仅就知识而言，知识位于事物的外表而绝不介入其内。但是，力图真正地了解一个事物，就有必要置身于事物之中，与事物的外部和内部融为一体。人如何才能够做到将自己想要了解的对象和自身融为一体呢？如果置身于事物外表去了解的话，将得不到

① 见《盘珪禅师语录》（铃木大拙编校，岩波书店，1993 年出版）。

关于了解对象的真正知识，所以有必要抹消自我存在而完全融入事物之中。但是这样一来的话，理解者将不复存在而融入事物之中，知识本身也将失去作用。了解成为不了解，知识成为无知，无知成为知识。

然而我们不可能在矛盾面前束手待毙，总要设法开拓一条可靠途径去超越知识。我们总要在他人面前展现自我，摆出知之甚多的姿态。但是，实际上我们自己并不了解自己，我们自己关于自身的知识也并不全面，并不客观。它是客观化了的知识，是脱离于了解者自身的知识。这个“我”是位于外表的我，是与我对立的“我”。言称这是“我”时的“我”不是“我了解”时的“我”，这其中的“我”处于分离状态，这个分离状态就是“我”一切烦恼的根源。实际存在着的“我”，即活着的我已经不在其中，而被肢解致死了吗，被致死者发出了痛苦的呻吟。盘珪禅师为了从痛苦的呻吟中脱身而拼命挣扎，终于精疲力竭濒临死亡。他见性觉悟之时，“我”才得以回归于“我”。

从某种意义上来讲，所谓“悟”也许可以认为属于知识范畴，因为是给予禅修者某些方面的知识。但是，悟与知识之间存在着质的差异，从根本上来说，二者不能用同一尺度来衡量。

所谓知识，是由外表的立场出发，将已知的部分观念授予他人。悟是事物的整体知识，不是部分知识的集合体，它本身完善而不可分割。如果通俗地解释的话，悟是由内侧把握未分化的整体，然而由悟所把握的整体中，实际上既无内部亦无外表，超越了所有一切差别。因此，如果只从认识论的立场来考虑的话，悟是知识范畴中最为特殊的思维方式。

信仰，是信仰对象和个人的整体人格存在的绝对一致，这一点与悟多少有些相似。但是如果将神这一信仰对象视为外部存在，那么信仰（即悟）则不可能成立。就悟而言，神为主体而非客体，存在于个人之中，占据其人存在的全部领域。所以，个人位于神之中，与神融为一体。证悟之后，神意识到了神自身；证悟之前，神与我毫无任何瓜葛。随着见性开悟，神开始变身为神。即神将神自身告知于我。神就是我自身，但其中仍残存非我之物。神与我并非同一物，二者为二与一，为一与二。因此，悟必须动员自身的全部人格方可获得。依靠四分五裂的自我，即自身人格的一部分，依靠理性作用则将一无所获。

悟，这一思维形式与信仰相同，不存在所谓抽象化、一般化、普遍化等问题。悟，一般被认为是一种体验，这种看法是不正确的，不可苟同。这是因为，悟可以使所有体验成为可能，而并非一种有别于其他的单独体验。悟，超越一般意义上的经验而存在于我们经历过的所有经验之中。我们谈论某种经验时，往往将其视为某一个人的经验，或施加于某一个人的外在经验而加以特殊对待。但是，悟这一思维形式在意识层次上不产生某种外在或部分的共鸣。从心理学角度来讲，悟这一经验是形成个人人格的基础，即无意识的自然而然的自发产物。这种无意识并非一般想象中的意识的基础。参悟中见性开悟而重返自我的无意识，是一种宇宙范畴的无意识，它以个人所有的意识为中枢，宇宙的无意识构成其基础。唯其如此，悟是心理学的产物，所以具有实体论的意义。

盘珪禅师将“明德”作为其人格的一部分而加以体验，即他渴望将“明德”作为在客观现实中邂逅的理性自我的对象而把握理解，却没能如愿以偿。他越是急切地追求这个目标，目标就离他越远。这就如同追逐自身的影子，徒劳无获，最终落得个粉身碎骨的下场。这种追求如同一寸一寸地剪碎自己身上穿着的衣服。所以，盘珪禅师的苦苦追求换来的只能是令人怜悯的悲惨下场。但不可思议的是，所谓真理往往显现于一个人的表面形象崩溃瓦解之后。

盘珪禅师由追求探索儒家的“明德”起步，以发现佛教的思维方法“不生”而终结，他的孜孜探求过程诠释了一个含义深刻的真理。儒家以伦理道德的诸观念为宗旨，体现了中国式的实践型心性。佛教在中国传播普及之前，中国的思想传统可能过于僵化。

最初，盘珪禅师的宗教哲学意识为“明德”所唤起，如果他起步伊始就注重在实际生活中了解验证自身存在的真谛（实际上他后来做了——作者注），则将及早有所收获；但他只是一味拘泥于对“明德”的探求，结果四处碰壁，于事无成。

在探索求道途中，他曾经参访佛教各宗名师，或诵经，或念佛，或修习真言秘法。虽然每个宗派的修行方法各具特色，却都没有使他得到满足，而终于下定决心遵循禅宗的坐禅修行方法参禅问道。毫无疑问，盘珪禅师是在禅门中寻觅到了契合自身秉性的因素而见性证悟的。证悟以后，经过探求思索而找到了表现其见性证悟的至上观念——“不生”，并确信“不生”观念是当时参禅者实现见性证悟的最佳手段。

“不生”是从盘珪禅师整个身心中涌现出来的得“悟”之内涵，他由此而始终在“不生”中与“不生”共生共存。他整个生活的任何瞬间都是“不生”的体现，因此“不生”对于他来说不是一个静止的概念。换言之，他不是在空间上，而是在时间上直接感悟“不生”，即他生于“不生”之中，他理解了生存的自身就是“不生”，就是“悟”。

盘珪禅师将“不生”与“佛心”视为同物，称（佛）心为所有感性存在（有情）与生俱来，由于心的作用，人通过身体有所感觉，驱动感情，推究、想象、处理世事。所谓佛心是不生而且灵明的，不生即灵明，不生也好，灵明也罢，都是较为陈旧的词语。盘珪禅师的寓意在于，不生既不是空虚的抽象语言，也不是概念性的普遍语言，而是充满生命活力且具体的个人观念。

唯其如此，悟，为觉悟者自身绝对所有，不可言传、不可分割，悟就是悟本身，悟就是权威，悟可以自证自身。严格地讲，它不需要其他任何人的印可。因此，任何怀疑、任何批判在悟的面前都显得软弱乏力。这是因为，如若没有觉悟，所谓怀疑主义本身是不成立的。换言之，悟决定了怀疑的假设存在。怀疑主义者连自身利用理性而使之合理化的思路与自身合为一体这一事实都难以否定。怀疑主义者只有证悟才能获得成功。与此同时，怀疑主义者将否定自身的怀疑主义。换言之，怀疑主义者将主张悟。因此，证悟者理所当然具有绝对的权威性，绝不向任何反对者和怀疑者妥协让步。俱胝和尚示寂之时，曾对徒众说：“吾得天龙一指头禅，一生用不尽。”[①] 首山念禅师也曾对徒众说：“假如便是释迦佛，也与汝三十棒。”[②]

盘珪禅师在备前（旧国名，现冈山县东南部——译者注）三友寺讲经说法时，一位日莲宗僧侣来访。这位僧侣以学识渊博闻名遐迩，由于盘珪禅师声名鹊起，大有压倒他的趋势，所以他特别厌恶盘珪禅师，一直在寻找机会与禅师一争高低。盘珪禅师说法高潮

① 见《五灯会元》卷四《金华俱胝和尚》。

② 见《禅林僧宝传》卷第三《汝州首山念禅师》。

中，他站出来大喊："你讲的这些一句都不可信！你凭什么能让我这样的人解脱呢？"盘珪禅师打住话头，招手示意他到前边来，他马上顺着手势向前迈了几步。盘珪禅师又做出手势请他再往前来一点。就在他又向前走了几步的时候，盘珪禅师开口说道："你可真听我的话呀！"由此可见，这位学问渊博的日莲宗僧侣如果打算驳倒盘珪禅师，必须首先成功地反驳自身的存在，如果做不到这一点的话，无论任何人都动摇不了盘珪禅师的地位。

盘珪禅师向一般信众宣讲"不生"观念时，经常这样加以阐述："在座的诸位，你们在前来闻听老衲说法的途中或当下正在闻法之时，听到了寺院的钟声，听到了乌鸦的叫声，一定马上就会有所反应——撞钟了、乌鸦叫了，绝不会出现误判。我们在眼观周围事物之时，也并不是一门心思地去仔细分辨，即了了分明，却无分别。支配这些不可思议行为的就是诸位与生俱来的'不生'。只要诸位的行为方式符合这一规律，就不可否定灵明的佛心，即不生。"[①]

这段议论使人联想起心理学范畴的无意识和直觉观念，而未必使人与"不生"概念对号入座；"不生"概念内涵丰富，具有十分深刻的精神意义。事实上，盘珪禅师在这一点上遭到了极大的误解。一些人认为，所谓"不生"是依赖对感觉性刺激的本能或无意识的反作用，以及与其相关联的心理合成而发挥作用。对于诸如此类的误解没有必要一一加以解释。简而言之，每个人有意识或无意识的一切活动都基于"我有""我在"这一基本思维形态而发生。法国伟大的哲学家、数学家笛卡尔的著名论断"我思，故我在"（cogito ergo sum）如果套用在盘珪禅师身上或许就是"我感，

---

① 见《盘珪禅师语录》（铃木大拙编校，岩波书店，1993 年出版）。

故我在”或“我知，故我在”[sentio（or percipio）erog sum]。如果从最深层的意义来理解“我在”（sum）时，就可以得出“不生”的结论。

仅仅停留于“无意识的反作用”这一心理学角度解释的人，是绝不可能理解盘珪禅师的。并且，即使花费九牛二虎之力去追求自我意识，也不可能抵达“不生”的境界。这种盲目追求，只能称之为在合理化作用的案板上解剖“我在”的残酷企图。“我在”为“一”，只有生气勃勃地生存才能够抵达“不生”。笛卡尔的“sum”是认识论的概念，所以属于二元论，尚未触及存在的岩床、世界的根底、万有的根源。笛卡尔是哲学家，盘珪为禅师，我认为其二者的区别可能在于西洋之心与东洋之心的差异吧。

综上所述，盘珪禅师倾其所有，将整个身心都投入到了对“不生”的追求中。由此可知，这一求道过程对他来说是自然而然的。耶稣基督曾经教诲：“凡祈求的，就得着；寻找的，就寻见；叩门的，就给他开门。”[1]这里的祈求、寻找、敲叩表面看是谁都可以做到的极为简单之事，而事实上并非轻而易举。诸如此类看似“简单”的行为，如果不倾注全部身心的话，神是绝不会有任何回应的。即，只有自身死过一场才能够复生。由此，诞生了“复活”这一象征主义的概念。

日本近代著名禅僧无难（1603—1676）有一句脍炙人口的法语：

虽生犹死，

随心所欲，

---

① 《马太福音》第七章第七节。

无牵无挂，
快活度世，
是佛境地。[①]

虽生犹死，虽死犹生，虽然有悖于常理，但是禅师们却号召学人去身体力行。由死亡线上挣扎过来的人的所有行为都被誉为“至善”。但是，突破这道不可能逾越的界限之前，必须通过盘珪禅师等禅林古德们亲身经历过的体验，这是应该牢牢汲取的。应声开门并非易事，必须要将整个身心投向门户。悟，既是“实际存在的飞跃”，也是实际存在的“飞退”。人的精神生活绝不是孤路一条，它始终循环往复，出即为入、入即为出。无穷无尽的“活着的死者”就是盘珪的“不生”。

（八）禅与净土

虽然参禅问道有各种途径，但有一个共同的特性，这个特性就是渴望把握“某种凌驾于知识领域之物”的欲望。这是因为真挚而热诚的求道者们不满足于定义、解释、假定等，他们追求、渴望的是可以堂堂正正地主张唯我独具的极为具体、人性、个性之物，是能够使内心世界满足之物；它不是由自身存在的外部施加，而是由内部生成之物，无论静止或活动始终与之不相脱离，如影附体，欲弃而不能之物。这正是其自身的自我，而非别物。

通往禅的道路充满哲学、情趣、宗教、实践的氛围，其最终

① 见《至道无难禅师集》（春秋社）。

目的就是悟——这是由参禅体验或禅意识而赋予的用语。悟具有心理学和形而上学或认识论这两个层次的内涵。禅宗的公案，相对于形而上学、心理学的因素较为显著。但是，对于一般学人来说，悟作为一种具有决定性作用的人生观、世界观，使用哲学语言表现可能较为妥当。然而，由于禅属于完全特殊之物，所以最佳的表现方法，当然是使用禅的惯用语句。如果翻译成其他形式，则不仅丧失其生命力，而且将使“禅”荡然无存。这是我们应该考虑的一个因素。

如此看来，悟并非只限于禅宗。由于不受公案的妨碍，所以可以在净土教徒中发现至为纯粹的“悟”。净土信徒的理性倾向不如禅者，他们憧憬阿弥陀佛主宰的净土生活，他们所获得的彻悟只有净土。往生净土这一具有决定性的笃诚信念支撑着净土信徒顽强地面对生活，如果这个世界上唯有众生，而没有阿弥陀佛的拯救，那就注定要坠入地狱。

净土信徒笃信：转生极乐世界最终与身处现世而为阿弥陀佛慈悲所普摄毫无差异，即获得大安心。通俗地来讲，净土教的教义强调死后转生极乐净土。姑且不论教义如何，净土信徒对于再生（往生）的坚信不疑就是其自身的悟，至少禅者是如此解释往生净土的。人们往往将念佛与公案等同而视，来比较作为证悟辅助手段的这两种方法的效果。严格地来讲，念佛不等同于公案，念佛具有独自的发展历史和独特的修行方法，二者不可混淆。

白隐禅师为日本近世公案禅的巨匠。他曾经记述过依靠念佛而开悟的两位净土教徒的修道体验。

这两位净土教徒名叫圆恕和圆愚，专修念佛法门。圆恕首先抵达一心不乱境界，在念佛的当下获得大安心，获得决定往生。他离开家乡山城（旧国名，位于现京都府南部——译者注），前往远州（旧远江国别称，位于现静冈县西部——译者注）的初山宝林寺参拜黄檗宗独湛禅师（1628—1706，随隐元禅师来日弘法，后开创了初山宝林寺——译者注）。独湛禅师开口就问："从哪里来？"圆恕答曰："从山城来。"

独湛禅师又问："贵僧属于什么宗派？"圆恕答："净土宗。"独湛禅师问："阿弥陀如来多大年纪？"圆恕答："阿弥陀如来和我同龄。"独湛禅师问："贵僧多大年纪？"圆恕答："拙僧和阿弥陀如来同龄。"独湛禅师再问："这一刹那阿弥陀如来在何处？"[①]

圆恕听后握紧左手，然后轻轻地举了起来。独湛禅师见状清楚地了解了净土信徒是如何依靠念佛而获得了往生安心，大为震惊。另一位净土教徒圆愚不久也获得安心，获得决定往生。

与净土宗相比，净土真宗（由日本净土宗分流而成的一派，奉亲鸾为开祖——译者注）不甚强调念佛。净土真宗为净土宗分派，二者都坚持主张以往生思想为根本宗旨。净土真宗主张：往生为"一念"行为，称念一声"南无阿弥陀佛"，即可获得往生的安心，没有必要为获得往生的安心而至死等待。所谓安心，生存于现世中即可获得，在日常生活中也可以成就，即佛教用语"平生业成"之意。但是，问题在于"如何达到这个目标？如何由称念一声而成就安心？阿弥陀佛的他力是如何创造这个奇迹？我们如何才能获得安心？"

物种吉兵卫（1803—1880）为近世最具代表性的净土真宗信徒。他毅然决然地挑战死亡课题获得了往生安心。他认为，当死亡

---

① 见《白隐禅师法语全集》第九册（远罗天釜译注・芳泽勝弘）。

时时刻刻逼近时，不论愚贤贵贱之人都难以逃脱。因此，这个死亡观念困扰得他难以解脱。他读到生前能够获得的安心，即所谓“平生业成”一句后，百思不解。他暗自思酌，“平生业成”的实际状况究竟如何呢？如果确有其事的话，何不找到有所经验者求教呢？他彻夜难眠，不知自身如何为之是好。

他马上向自己的妻子诉说了心中的烦恼和苦闷，乞求妻子允许外出寻师。他遍访各地良师，但始终没有获得让他心悦诚服的答案。他诸方奔走流浪，自己已经不晓得离开家乡有多久了。当他一无所获地返回阔别已久的家乡时，家中已物是人非，当年的婴儿早已成人。

不久，他风闻附近有一位高僧，遂急忙登门参拜。求教其间，他向那位高僧请教了很多关于净土真宗的教理教义问题，结果高僧也并不是他日夜追求渴盼的对象。于是他前往大阪拜访西方寺的僧侣，将多年来为之困扰的所有疑问都倾诉了出来。物种吉兵卫最后说道：“我可以死了！”西方寺僧回答道：“难道只是死了就行了吗？”说着顺手拿出了《领解文》递到物种吉兵卫手里，询问他到底能够理解多少。其间，物种吉兵卫倏然醒悟：这位西方寺的僧人不就是能够真正拯救孜孜探求“他力”解脱的自己的善知识吗？

以上引用的《吉兵卫言行录》[①]中没有言及“往生安心”的事实，但详细地记述了西方寺的和尚将长期困扰压迫吉兵卫“自力”思想的重重包裹一点点地卸了下来的过程。在这一过程中，西方寺的和尚“作为”小型手术刀而使用了《领解文》。吉兵卫由此彻底清除了附着在自身的“自力”解脱的痕迹。由此可知，《领解文》的核心在于绝对“他力”，甚至连“愿闻”这一念头都被定罪为源

① 见《信者吉兵卫言行录》（片山专觉编冈本增进堂出版，1928 年）。

于“自力”而加以否定。而这一愿望，对于生活于相对人生之间而企望“往生安心”的净土信徒来说，是极为正常的愿望。但是西方寺的和尚对此持十分积极的否定态度。

西方寺的和尚问吉兵卫道：“你还持有‘我听说’之念吗？你已经彻底抛弃了‘有人告诉我’之念吗？”吉兵卫回答道：“我不会再说我听说了，我也不会再说我没听说了。”西方寺的和尚又道：“诚如所言！吉兵卫，没有任何东西能超越彻悟佛法。”

《领解文》或称《改悔文》是不足百字的宗教小册子。所谓“领解”即领会理解，所谓“改悔”即改邪归正之意。该小册子行文内容为教科书形式，大致内容为：全部抛弃所有一切杂行、杂修、自力之念，一心祈求阿弥陀如来拯救后生大事。祈求一念之时即决定达成往生。因此，如果残存丝毫自我自力的遗痕，阿弥陀佛的拯救之手则将失去保障，如果心中尚存一丝自我，则将丧失阿弥陀佛来迎的机遇。

净土宗的教理教义表面上看似安然静寂，而实际上与禅宗相同，狂暴汹涌的潮流和辩证法的纤细精致共存一体。净土真宗的施教手段中既没有棒杖飞舞，也没有怒斥大喝。但是，净土教徒至诚地追求真理和解脱，他们信仰虔诚、根基坚固，同情互助的社会责任感强烈，净土真宗求道者的这些难能可贵的资质都明显地超过了禅者。此外，净土真宗的宗教实践具有十分深刻的社会现实意义，即源于净土真宗的“真”字的宗教实践力量蕴涵于在家信徒之中，而不是职业僧侣之间。僧侣阶层的腐败堕落着实令人哀叹和气愤，而令人更为遗憾的是，除少数者以外，这种相同的腐败堕落现象也存在于禅宗僧侣之中。

净土真宗在倡导“悟”这一修行形式方面逊色于禅宗。毫无疑问，净土真宗的修行形式中也存在着“悟”的因素，只是净土真宗不存在类似禅宗与公案相关而明显呈现出来的心理状态。净土真宗强调的不是眼观，而是耳闻。耳闻较为被动，眼观则极为主动、积极、理性。以“他力本愿”为宗旨的净土真宗教义当然否定任何形式的“自我”活动，所以净土真宗的教义中不存在辩证法，净土真宗的教义中不存在“闻！勿闻！”以及“桥流水不流”等诸如此类的概念，一味强调“闻！闻！闻！”式的教学方法，而不要求阐述所闻结果。与禅宗信徒相比，净土真宗信徒对“悟”的体验不抱任何期待，他们只是对自身所闻之事去“领解”，即领会理解，并祈愿将自身的领会理解发展为现世往生的安心，这就是所谓“平生业成”。对于闻者来说，“闻”也好，“所闻”也罢，只要残存自我意识的痕迹，就不存在真正意义上的“闻”，因此也就不可能获得往生净土的安心。

我认为，如果净土真宗的宗教实践中不存在一种“悟”，其强调主张的所谓“闻”也不可能存在，因为这不是属于推究或假定所能达到的范围。吉兵卫在《吉兵卫言行录》中曾经指出：“难行难修所导致的一切自力念佛完全清除之时，存在于自己内心深处的闻者则将销声匿迹，因此你将不会错过聆听有关净土真宗教义的任何机遇。”《吉兵卫言行录》中充满了富有极为深刻的宗教寓意的言辞，净土真宗中有许多信徒怀着虔诚而纯粹的宗教感情来感悟诸如此类的言辞，并且在各自的信仰生活中身体力行。

与禅门相比，净土真宗在家信徒中涌现过很多一心实践往生法门的先例，这是一个不可否认的事实。究其原因，我认为可能在于净土真宗的施教手段中没有公案的缘故。一般来说，净土真宗的信徒学识不高，理性倾向也不甚显著，绝大多数信徒都是寡言少语、默默无闻地在日常生活中创造自身的安心环境。当他们怀着祝福与喜悦之情，以及对护佑着自身的阿弥陀佛的感谢之念，为了实现自身的信仰而摈除私心，凝聚在为了信仰无私而欣喜地奉献的“宗祖”周围之时，将更加增强自身的坚定信念。

净土真宗信徒中文盲者为数不少，但是发自其灵魂深处的精神光芒令人叹为观止。下面介绍的这首和歌出自一位名叫浅原才市的净土真宗信徒之手。才市是石见国（旧国名，位于现岛根县西部——译者注）人，昭和八年（1933 年——译者注）以八十三岁高龄谢世。

才市是木匠出身，而后改行经营鞋铺，以制作及采购木屐为业。他所接受的教育有限，所以制作木屐工作之余写下的和歌大部分使用的是“假名”（日文中用来标记汉字发音的字母——译者注），并且标记都不甚正确。我将其中比较有名的一首试译成了英语（本书原以英文出版——译者注）：

大千世界愚痴，
才市我也愚痴，
阿弥陀也愚痴，
誓愿拯救众生，
我愚痴的老爹。
南无阿弥陀佛！
在你的慧眼里，
我觅到了光明，
什么是光明呢？
南无阿弥陀佛！

才市呀，才市，
净土它在哪里？
净土就在这里，
南无阿弥陀佛。
耳闻弥陀名号，
此佛即是才市，
此佛即是我佛，
南无阿弥陀佛。
他力净土法门，
我心初参净土，
又归红尘世间，
发愿拯救众生。[1]

---

① 见《信者吉兵卫言行录》（片山专觉编冈本增进堂出版，1928 年）。

第五篇

公案

禅

（一）石上栽华

真挚的求道者都将面临自身必须解决的三个问题，不加以彻底解决则不能获得安心。

其一，佛究竟为何人？

其二，心究竟为何物？

其三，从何处来，向何处去？

第一问“何为佛？”是一个有关正觉（菩提、觉悟）本质的疑问。所谓佛，即“觉悟者”之意。“何为佛”之问与“何为正觉”之问大抵相同。我们如果获得了觉悟，我们就都是佛，即人人皆有佛性。凡夫众生与佛的根本区别只在于，我们本来具有的佛性都为烦恼所遮障，至今尚未证悟。因此，为了成佛，首先必须将遮盖我们自身佛性的烦恼一扫而光。那么何为烦恼呢？凡夫众生为了将自身等同于佛或佛性，总是要产生这两个疑问：为何最初难以轻而易举成佛？遮盖佛性而妨碍成佛的烦恼来自何处？由此导出了这样一个疑问“何为心？”

“心”，汉语与日语的汉字相同，汉语发音为“xin”，日语为“kokorou”，大多佛教典籍将其赋予双重语义。其一，一般意义上的心，即人的意识；其二，某种宇宙之心，全灵、浩瀚纷纭的宇宙所发出的最高原理。佛教徒理解阐述的“心”属于后者，与佛性视为相同意思。“心”与“性”可以互换。窥一而知其他，凡夫得“佛性”时见“心”，“心”生出“佛性”；“佛性”即为“心”，“心”即为“佛性”。因此，上述的第一问归于第二问，第二问归于第一问。

所谓“轮回”（samsara）的问题，归根结底就是“心”或“自性”的问题。与其说人如果洞悉了“自性”和“心”，就将明了自己来自何处、去向何方，由此而解脱生与死的束缚，成为自由之人，不如说觉悟创世纪以来我们就是自由之人，觉悟自由就是成佛，观心就是“见性”。困扰真挚的佛教徒的这三个问题相互关联，举一则牵动其二，解一则三难俱解。

所谓“轮回”，梵文“samsara”为“依缘而起”或“经过反反复复转变”之意。中国佛教徒将其对应于“生死”或“诞生与死亡”。这个词可以与涅槃相对比，即“无变化、永久、绝对”。逾越生死，意味着由业障中解脱出来，获得解脱、开悟、永久的至福，即意味着成佛。

我们应该着力强调的是，所谓佛道修行就是解脱生死而证悟成佛。修行的目的在于彻见心性。“直指人心”就是直接指向人心，“见性成佛”就是洞见自性而得佛性。禅家的这一根本宗旨反映了“心”与“佛性”的相互关系。

生死的问题，从另外一个略微不同的角度显示了一个根本问题。“心”与“自性”以实在根底为方针，生死与实在现象的方向相关联。如果“心”与“自性”可以逾越生死，即逾越一切必将死亡之物，逾越一切短暂无常之物的话，以“心”或“自性”观念截然相反之物为本质特色的这个世界如何存在呢？这个疑问，与基督教修道士所面临的“神是如何创造的这个充满现世罪恶与不完整因素的世界呢？”这一疑惑如出一辙。

佛教徒主张强调将佛性与生死相对照，回归本性。然而，如果我们本来都具有与生死相反的自性的话，为什么非要来到这个不完整的世界并经受这个世界上所有烦恼的洗礼呢？这是一个永恒的矛盾，它包含于人的存在本身，只要我们维持现状就将无路脱身，或迟或早，它将驱使我们陷入精神修养的围墙之中。

禅家将这一矛盾本身及脱离这一矛盾称为“此事”“此路”“一大事”。我们意识到了这一矛盾就意味着将要逾越这一矛盾，因此逾越就构成了“此事”的内在含义。对于禅家来说，所谓逾越就是自我觉悟，它构成了禅家的经验内涵。禅者所经验之事就是“此事”，就是“事”，如果援用儒家用语就是消除“道”，一切形态的理论矛盾都将得到消除。所谓“事”是消除过程中出现的一点。禅家的最终目的就是要“了毕一事”。

宋代的大慧禅师（1089—1163）是这样阐述禅者与生死对决的姿态的：

> 生从何处来，死向何处去，知得来去处，方名学佛人。知生死底是阿谁？受生死底复是阿谁？不知来去处底又是阿谁？忽然知得来去处底又是阿谁？看此话眼眨眨地理会不得，肚里七上八下，方寸中如顿却一团火相似底，又是阿谁？若要识，但向理会不得处识取。若便识得，方知生死决定不相干涉。[①]

---

① 见《大慧普觉禅师语录》（大正藏第四十七册）。

大慧禅师在此极力强调了他对生死问题的态度。大慧禅师论点的重要意义在于，他阐述了禅者与生死对决的整个过程中的自我意识，这一“意识”形成相对限定的一般领域而不可显现。如果我们用一般而相对限定的意识来理解生死问题的话，则将为之迷惑。当我们以为终于理解了的时候，残留在我们手掌中的却只有幻影。这仅仅是一个对日常生活毫无益处的抽象概念，它存在于我们运用辩证法的巧妙手段之处。

禅者绝不满足于诸如此类的理性妄想。禅者所要把握的是整个现实，是通过我们身体组织的全部细胞而呼吸，与我们整个身心的搏动而同步振动的深层意识。这一意识被称为“超意识”或“无意识的意识”。如果援用佛教术语就是“无分别之分别”“无心之心”“无念之念”。即便如此，对于禅家的胃口来说还是不宜消化，禅林古德们往往遵循各自的家风来表现“此事”。例如：

老僧在青州做得一领布衫，重七斤。①

一二三四五六七，
七六五四三二一。
黄河九曲出昆仑，
摩诃般若波罗蜜。②

春山叠乱青，
春水漾虚碧。
寥寥天地间，

① 见《五灯会元》卷四《赵州从谂禅师》。

② 见《续灯存稿》中《明州瑞龙梦堂昙噩禅师语》。

独立望何极。[1]

大慧在上一段论述中强调：学人从任何途径进入禅门，都将与表现为事物诸相以及诸般名称的“生死”遭遇。他向学人指出了一条通过生死之门的道路，将学人导向无意识地意识自我“生死”的现实。在下面引用的话头中，药山禅师（751—834）直指“佛性”和“心”这一问题的核心，即它显现于肯定或否定，死或生。不仅如此，显现于否定即肯定之处，肯定即否定之处，即生死存在之处，乃至生与死皆不存在之处。表面上看来，似乎是在乱上添乱，结果使人一窍不通，似丈二和尚摸不着头脑。但是，如果从知性角度来观察禅的话就可以明了，禅家喜好这种看似莫名其妙的追求。

药山惟俨禅师（700—790）初礼石头和尚便问：[2]

“三乘十二分教某甲粗知，尝闻南方直指人心，见性成佛，实未明了。伏望和尚慈悲指示。”

石头和尚道：

“恁么也不得，不恁么也不得，恁么不恁么总不得。子作么生？”

药山惟俨禅师茫然不知所措。石头和尚以其因缘不在此处为由，劝其去马祖和尚（707—786）处讨教。当时，马祖的禅法兴

① 见《五灯会元》卷十五《雪窦重显禅师》。

② 见《五灯会元》卷五《药山惟俨禅师》。

盛于长江以西（江西——作者注）地区，门庭兴盛，海众云集。药山惟俨禅师于是禀石头和尚之命，前往江西参礼马祖，并把曾经问过石头和尚的那个问题重新提出来请教马祖。马祖道：

> “我有时教伊扬眉瞬目，有时不教伊扬眉瞬目；有时扬眉瞬目者是，有时扬眉瞬目者不是，子作么生？”

药山惟俨禅师闻之禅眼大开，但不晓得如何用语言来表示，便随即欢喜礼拜。马祖道：“你见甚么道理便礼拜？”药山道：“某甲在石头处，如蚊子上铁牛。”这一句答语凝聚了药山惟俨禅师的禅悟。

药山惟俨禅师尚未对禅产生兴趣之前，已经通晓佛教哲学，尤为谙熟涵盖佛教思想与经验全部领域的三藏教义。但是，他的内心深处对只不过是抽象化以及合理性辩论已经不甚满足。所以，当他耳闻禅的教义不需任何知识性的思索，倡导“佛性”及“心”时，萌发了旺盛的好奇心。虽然他已经十分了解佛法理论，但是完全没有预料到会通过石头及马祖等禅师的接化施教而明了佛教真谛。石头和尚可能在某种程度上还追随理论之辙，而马祖的所谓“扬眉”“瞬目”等接化手段却无人能望其项背。这一定是因为马祖击中了药山的要害，深深地触及了他那沉眠的心灵深处。

于是，药山惟俨禅师便留在马祖身边，侍奉三年。某日，马祖问：“子近日见处作么生？”药山答：“皮肤脱落尽，唯有一真实。”

其后，药山惟俨禅师辞别马祖，重新回到石头禅师门下。某日，药山惟俨禅师在石上打坐，石头和尚见了，便问：“汝在这里作么？”药山曰：“一物不为。”石头和尚道：“恁么即闲坐也。”药山曰：“若闲坐即为也。”石头和尚道：“汝道不为，不为个甚么？”药山曰：“千圣亦不识。”石头和尚一听，知道药山惟俨禅师已经彻悟，内心默默印可。

其后，石头和尚偶然示众道：“言语动用没交涉。”药山曰：“非言语动用亦没交涉。”石头和尚道：“我这里针劄不入。”药山曰：“我这里如石上栽华。”

石头和尚与药山惟俨禅师似乎在各抒己见，但实质上讲的是同一话题。他们二人议论否定和矛盾以及语言和行为之际，都立足于合理主义的立场，唯独“针劄不入”与“石上栽华”二句完完全全地源于禅家的立场。

（二）生死事大

接近禅的第三个入口是“生死”问题。从“佛性”与“佛心”问题的反面来观察这个问题较为妥当。事实上，这两者不可分离。一般认为，佛性本源清净，毫无染着。但是如果我们的认识仅仅停留在这一阶段，则将阻塞通往禅门的途径，佛性与非存在属于同一性质。既然口口声声谈论“佛性”或“心”并力图阐明其本质，那么无论如何也必须使学人认识了解其形态，至少也必须展露边角，用正常人的意识来把握，进而将其整个原型展露在光天化日之下。

我认为，佛性存在于生死之中，所以必须通过生死来理解佛性，而不应该将佛性从生死，即事物的多样性中分离出来。如果佛性不存在于生死之中的话，那么除了污浊烦恼的世界之外，理应存在着另外一个清静安居的场所。依此类推，则将产生本然与生死之二元论范畴的论题。

基督教的神学教学也面临着同样的命题。即如果单纯认为

“罪”只与神的意志有关，而将其抛置于人的理解领域之外，最终问题将得不到解决。我曾反复地强调，禅反对二元论，禅位于依靠二元论的导引而绝对抵达不到的境界。“境界”一词难免被加以二元论式的解释之虞，但是禅的境界与空间关系和时间关系毫无关联。当我们谈论生与死这一话题时，就已经是在对某一事物加以限定，所以佛性将不再清净而与烦恼相伴并存。禅向我们揭示了一条清净与烦恼、佛性与生死自我同一的认识道路。基于这一观点，我们来看一看下面两段问答：

僧问：“如何得出三界去？”

师曰：“汝即今在甚么处？”①

僧问：“如何是涅槃？”

师曰：“谁将生死与汝？”②

下面的这段话头，比较巧妙地提出了生与死的问题：

宣州刺史陆亘大夫问南泉：“古人瓶中养一鹅，鹅渐长大，出瓶不得。如今不得毁瓶，不得损鹅，和尚作么生出得？”泉召大夫，陆应诺，泉曰：“出也。”陆从此开解，即礼谢。③

某日，赵州和尚正在打扫庭院，一僧走近前来问：

---

① 见《五灯会元》卷四《杭州天龙和尚》。

② 见《五灯会元》卷五《石头希迁禅师》。

③ 见《五灯会元》卷四《陆亘大夫》。

“和尚是大善知识，为甚么扫地？”师曰：“尘从外来。”曰：“既是清净伽蓝，为甚么有尘？”师曰：“又一点也。”[①]

这段问答虽然并未明确地言及生死，但是从根本意义上讲，毫无疑问地触及了这个问题。

困扰我们凡夫众生的是这样的问题：既然永生不死，毫无任何烦恼，为什么世间存在生死？为什么佛性与烦恼污垢的凡夫众生之间永远对立？为什么傲慢与谦虚、个人主义的自我膨胀与超凡高尚的追求之间的对立冲突永不间断？

佛教的思考方法认为：生死与清净心各据一方，关键的问题在于如何架设一条连接二者的桥梁。

从宗教实践的角度来看，归根结底禅家所遭遇的问题与其他所有宗教相同。只是禅家的对策与其他宗教迥然不同，在人类宗教思想史上也是罕见异常的。

“无边无际的三千大千世界位于此毛端，过去和现在的几百劫，由始至终，分寸不离现在之瞬间。”这种认识，对于稍稍接受过哲学思维方法训练的人来说可能不难理解。但是下面这几段问答，对于禅者来讲也是高深莫测，似丈二和尚摸不着头脑。

有一天，高沙弥特地回来看望药山禅师，不巧路上遇上了大雨，衣服都被淋湿了。药山禅师见了，高兴地招呼道：“你来也。”高沙弥道：“是。”当时药山的高徒云岩和道吾二位禅师也在场。药山禅师道：“可煞湿！”高沙弥道：“不打这个鼓笛！”云岩禅师道：“皮也无，打甚么鼓？”道吾禅师道：“鼓也无，打甚么

① 见《五灯会元》卷四《赵州从谂禅师》。

皮？”药山禅师哈哈大笑道：“今日大好一场曲调。”[①]

有一天晚斋，药山禅师亲自打鼓报时，高沙弥捧着食器手舞足蹈地来到斋堂内。药山禅师便掷下鼓槌道：“是第几和？”高沙弥道：“是第二和。”药山禅师道：“如何是第一和？”于是，高沙弥从饭桶里舀了一勺饭便出去了。[②]

“兜率三关”为禅林脍炙人口的公案。所谓“兜率三关”即宋代兜率从悦禅师（1044—1091）用以接化学人的三句问语。

> 兜率从悦和尚设三关问学者：“拔草参玄，只图见性，即今上人性在甚处？”“识得自性，方脱生死，眼光落时，作么生脱？”“脱得生死，便知去处，四大分离，向甚处去？”[③]

“兜率三关”为佛性与生死的关系做了高度的概括。其中，第一关欲令学人拨无明之杂草，瞻仰宗门真风，彻见一己心性；第二关欲令学人识得本来具有之真性，以期透脱生死之转变；第三关欲令学人透脱生死，以便了知毕竟之去处。

（三）庭前柏树

事实上，禅家入门并不局限于以上“三问”，无数途径都通往禅门。正如“心”有千差万别，与之相应的禅修道路也不可胜数。

---

① 见《五灯会元》卷五《澧州高沙弥》。

② 见《五灯会元》卷五《澧州高沙弥》。

③ 见《无门关》第四十七则。

凡夫众生每个人都有一条属于自己的道路，分别选择各自的方法来解决自身的问题。禅师的宗教职责，充其量在于为学人指出一个方向，而沿着这个方向迈步向前则是学人各自的功课。

参禅所要解决的最根本的问题在于，无论如何也要抵达觉悟的彼岸（见性）；如果最终不能证悟，禅对凡夫众生则失去了存在的意义。即使对一切经典及哲学教义素有理解，但是如果“心”不指向所谓“精神的真理”，则不能称其为禅者。

从前，有一位无名僧诵读《法华经》。当他诵到“诸法（事物和境相）从本来，常自寂灭相”这句经文时，忽生疑问，久思而不得其解，终日坐卧不安。不论行住坐卧间如何绞尽脑汁，到头来还是毫无所得。

后来，一个春日的夜晚，窗外月光皎洁，无名僧正在禅房用功，忽然听到窗外黄莺婉转啼声，心中的疑团顿时脱落了，豁然省悟。于是他便接着《法华经》中前两句经文，作偈抒怀：

诸法从本来，
常自寂灭相。
春至百花开，
黄莺啼柳上。①

从诗面上看，后两句只不过是在客观地叙述春季的自然景观，除去引用了一小节《法华经》经文以外，并没有表达这位无名僧心中所发生的任何变化。但是，对于曾经有过类似无名僧的这种体验

① 见《五灯会元》卷六《亡名古宿》。

的人来说，诗中充分地表达了不可言喻的深奥境界。不论经过何种途径步入禅门，所触之物，所经之处，处处皆禅。

无名僧的这首诗偈，一定会使各位回想起第一章中曾经引用过的苏东坡咏叹庐山的诗句。下面摘引一首白隐禅师所作的“咏雪”和歌。

莳田古寺中，
夜深洗耳听，
枝上积雪降，
声声响月空。[1]

当时，白隐禅师隐居于乡间古寺，终日坐禅苦修。窗外，鹅毛大雪飘然而降，夜色愈浓。深夜雪止，大千世界倏然恢复了寂静。饱受积雪压迫的枝头抖掉重载，积雪落地，扑通扑通，沉闷的声响连成一片，回荡在林中，唤醒了专心禅定的白隐禅师。和歌中并没有表述白隐禅师内心起伏变化的语句，而只是在描绘雪夜的景物。如果仅仅从这首和歌的文学意义角度而言，很难揣悟出白隐禅师深奥的禅悟境界。然而经历过相同体验的人自然能够体味感受到其中妙不可言之处。

正如中国诗人吟咏的诗句：

酒逢知己饮，

---

① 见《僧侣之歌》（小池一行 著　笠间书院）。

诗向会人吟。[1]

我们再来看一首大灯国师（1282—1337）所作的和歌：

我用耳见，
你用目闻。
若有所得，
若有所感。
檐下滴水，
自然而然。[2]

这首和歌被誉为充满灵性的牧牛曲，但多少带有与“悟”似是而非的韵味。“自然地”（naturally）译成日语为“onozukara”（自然而然地）之意，原意极富含蓄情意。而英译为“naturally”是否完整地表达了日语的原本含义，没有十分把握。日语的“onozukara”一词除了兼有自然性（naturalness）及自发性（spontaneousness）含义之外，还含有如是（suchness）及如如不动之物（thing-as-it-is-ness）之意。

从禅家的立场而言，它不只是用耳听、用眼观，还包含着用耳观、用眼听之意。这意味着超越感觉和知性的世界，进入光明与黑暗、善与恶、神和神的创造物尚未显现以前的事物的状态。因此大灯国师歌中的“自然而然地”一词富有较为深远的精神含义，而绝

① 出自《增广贤文》。全诗为：“酒逢知己饮，诗向会人吟。相识满天下，知心能几人。”
② 见《敕撰和歌集》《大灯国师》。

不仅仅是“自然而然地”之意。这种由“自然”向“精神”的转变，以及迥然不同的两个词义间发生的相互交流构成了禅悟的内涵。这就是白隐等禅师笔下的客观性景物描述，能够使对禅有所体悟者产生新共鸣的原因之所在。

从禅的立场来看，整个世界以禅为中心呈一“圆相”，禅由“圆相”中心向四周所有位置发射连线。因此，禅与外部世界发生的所有现象即刻产生共鸣感应，随机而进，如自由自在地行进于蜘蛛网上的蜘蛛一般。从心理学角度来讲，人的意识周边所发生的任何事情都将其微妙的振动传向无意识的禅的中枢，反应灵敏者则进一步发展这种无感觉意识。进而这种可称之为“禅”的感觉将感应者逐渐引向无意识的禅的中枢。于是，感应者迈开了暗中摸索存在于自己内心深处的所谓“中心点”的历程。

上一节引用的药山禅师以及大多数参禅者的话头都是如此。参禅者不仅仅满足于抽象的概念认识，往往渴望某种具体的活生生的感觉认识。他们已经厌倦了与自己内心深处不甚相关、仅仅从学说中获得的认识，而不断地感知一种催人向前奋进的力量。正是这种力量引导参禅者不懈地努力，最终抵达禅的无意识的中心，进而将其视为一种意识状态，直至证悟。但是，这种意识并非普通意义上的意识，这就是禅家所说的“悟”。推动参禅者不懈前进的原动力就是为了抵达终极目标，就是为了抵达“悟”的境界。

马祖的弟子盘山认为：“悟”是学人参禅问道最终抵达的至高境界。所谓“悟”不是手把手地交递相传之物，即“悟”绝对属于个人，不复再现，“悟”是难以传与他人的一种个人的创造性体验。

宋代禅林名衲慈明禅师主张：成千上万的禅师的所谓“证悟”，

其实并非“悟”，即如果可以展示于他人的“悟”则并非“悟”。因为所谓“悟”并非学人由自身无数经验中提取出来的一种特殊经验。如果可以明确地展示于他人，“悟”则将成为产生于人的主观意识，可以明确地加入限定，有别于他人的日常琐事。

京都大德寺大灯国师曾将昔日禅林古德们的类似论述评价为“鬼争漆桶”。我认为“悟”并非某一特殊阶层个人的垄断之物，不论贤愚、贵贱、贫富，任何人都可以分享。无意识的禅的中心位于一切外部意识的出发点兼回归点，但是这一“点”并非推理作用及概念作用所能够决定的。

所谓“悟”，是一条超越了人的意识限制之路。盘山、慈明、大灯三位禅师似乎对这一观点各执己见，然而这三位禅师所阐述的观点实际上是完全一致的。这是因为“悟”的体验者都在力图运用各自所能表达的手段来阐述这一体验。无论如何，无“悟”之处即无禅，禅与悟不可分割而论，禅与悟是一个统一体。

摆在我们面前的关键的问题在于，矢志参禅问道的学人采用什么手段、通过什么途径才能够证悟呢？与欠缺所谓高尚丰富资质的禅林古德们相比，渴望见性证悟的现代人能够更加接近“悟”这一境界吗？

禅林古德们凭借正视现实世界的坚强意志和执着的信仰追求，在“无意识”的黑暗中寻觅到了各自的光明之路。然而有别于古德们的其他人则理应借助某种特定的方法，并在这种方法的导引下，一步一步地前进而抵达证悟的彼岸。

“悟”并非手把手地交递相传之物，即难以用话语文章来讲授。然而，我们在这场精神的历程中却常常为憧憬与“悟”似是而非的某种体验所蛊惑。然而，向参禅者指出通往“证悟”的方向并力图开拓一条光明之路的主观愿望，只能称其为禅师的善意。

所谓“公案制”，就是这样经过众多禅者之手而诞生的。“公案”按字面解释就是“公府案牍”，即“公文”之意，禅师利用公案来检验弟子所“悟”的深浅程度。当今，实际上是作为一种必须解答的“习题集”交付学僧弟子。

参学者入门参禅拜见禅师时，禅师往往向学人伸出一只手来，令闻其声。当然，从禅师伸出来的这只手上不可能听到任何声音，这是人人皆知的常识。然而，禅师的一举一动中蕴藏着“诀窍”，即禅机。禅家往往借用看似毫无任何意义的命题，将弟子们逼到万丈悬崖的边缘，使学人陷入束手无策的窘境，期望学人一俟机缘成熟而身心脱落，见性证悟。

“只手之声”为17世纪日本禅林著名高僧白隐慧鹤禅师首创之公案。两手相拍，自然发声，为凡夫所耳闻，然仅扬只手，无声无响，若非心耳，不可得闻。白隐禅师旨在破世人愚见，世人能听见的声音是两手相拍、两物碰击的声音，单扬只手，能发声吗？参禅之人必须用“心耳”聆听才能有所闻。

白隐禅师以前，日本禅林一般袭用“无”或“无字”公案。这个著名“公案”一直相承至今。汉语的“无”为无（nothing）、非实在（non-entity）、非存在（non-being）之意。“无字”公案源于唐代赵州禅师。当年学僧请教赵州禅师：“狗子是否有佛性？”禅师答曰：“无。”这一“无”字中蕴含赵州禅师的何等意境呢？如果按照正常的逻辑思维来寻求赵州禅师“无”字的意义，势必陷于困境。赵州在这里只是取话头中的“无”字作参究物件，而不是去正面回答“狗子是否有佛性？”的问题。所以作为公案的“无”与“狗子是否有佛性？”这一提问本身并无特别关系，只是“无”而已，别无其他任何含义。

最初将“无”用于公案来接机施教的当推宋代的五祖法演禅师（？—1104）。毋庸赘言，法演只是将“无”作为使弟子醒悟禅法真理的一个手段而施用的公案，或称“话头”之一。法演以后，“无”字公案主要作为接化引导初参者步入禅门的一种方便而施用于禅林。

所谓“话头”，字面上来看就是“话的源头”，这里的“头”字并无任何特殊意义。“话”就是师徒之间的问答对话或某一事件，或者是禅师交付学人的提问。下面，我们一起来看几则宋代以后禅林古德们广泛施用的“话头”：

一、**“万法归一，一归何处？”**（出自赵州从谂。问：“万法归一，一归何处？”师曰：“老僧在青州作得一领布衫，重七斤。”）①

二、**“须弥山”**（出自云门文偃。僧问云门：“不起一念，还有过也无？”门云：“须弥山。”）②

三、**“父母未生前本来面目”**（出自六祖慧能。明曰：“我来求法，非为衣也，愿行者开示。”祖云：“不思善，不思恶，正与么时，那个是明上座本来面目。”）③

四、**“庭前柏树”**（出自赵州从谂。僧问：“如何是祖师西来意？”师曰：“庭前柏树子。”）④

---

① 见《五灯会元》卷四《赵州从谂禅师》。

② 见《从容录》第十九则（《大正新修大藏经》第四十八册）。

③ 见《无门关》第二十三则（《大正新修大藏经》第四十八册）。

④ 见《五灯会元》卷四《赵州从谂禅师》。

公案制尚未创立之前，禅门修行内容一般为禅堂坐禅、田间劳作、种菜打柴等。大多数参禅者比较热衷于倾听禅师的开示或简洁明快的警句类的讨论，同时随意提出各自关于禅的疑惑问题，其中当然不乏迷失参禅问道方向的参禅者。这一部分参禅者或沉湎于抽象的冥想，或企图通过一味坐禅将自身意识中的各种思想驱赶出去。

公案的积极作用在于防止参禅者陷入上述两个极端，而偏离正确的修行轨道。公案不仅可以使具有理性思维倾向的参禅者免于陷入无边无际的思索迷宫，还可以使企图利用禅将自身的意识内容抛弃一空的参禅者免于陷入所谓精神自杀的绝境。

习禅必须慎重警惕不要陷入两种倾向，即抽象的概念化和虚无的没落。公案谨防思维陷入二者其一而将心置于中道。禅的真理既非合理的抽象作用，也不存在于单纯的寂静主义的虚寂之中。人心总是要倾向于上下左右一方，而禅师一般具有极为丰富的知识和敏锐的观察能力，所以十分了解人的意识中生来具有的这一缺陷。他们规劝学人在“观”的同时要修“止”，在“止”的同时要修“观”，“止”是止息一切乱心妄念，“观”是以智慧之眼观察千变万化世界的一切真理。“止”在于万法归一之处，即诸佛法身与一切有情融为一体之处。“止”往往易于将心导入无感觉和无差别的状态。为了使之平衡，有必要对心加以某种刺激。因此，禅家主张并强调学人应将注意力凝集于世界的某一点。

基于上述理由，马鸣在《大乘起信论》中极力提倡“止”“观”双修。他主张：

“若行、若住、若卧、若起，皆应止观俱行。所谓虽念：诸法自性不生，而复即念：因缘和合，善恶之业，苦乐等报，不失不坏。虽念：因缘善恶业报，而亦即念：性不可得。”

“若修止者，对治凡夫住著世间，能舍二乘怯弱之见。若修观者，对治二乘不起大悲狭劣心过，远离凡夫，不修善根。以此义故，是止观二门，共相助成，不相舍离。若止观不具，则无能入菩提之道。”①

“止”“观”二道修行法门贯穿于禅宗教理教义发展历史的始终。其间，或互相调和、二门并修而相得益彰，或过于强调其一。

弘仁禅师（602—675）时代，“止观”法门一分而为两个流派，其一强调禅定，重视“止”；其二主张以“慧”或曰“观”为禅宗根本宗旨。二者的分立状态，至中国禅宗一代宗主六祖慧能时代达到了顶峰。以六祖慧能的对立面神秀为首的一派，在神秀以后逐渐走向了衰落。限于篇幅等关系，我并不打算详细地论断中国禅学这两个流派的千秋功罪。但是，我认为六祖慧能一派的法系广为中国及日本的禅信徒所传承，保持了中国禅的固有精神风貌。得出这个论断的理由有很多，其中最主要的理由在于，禅的根本宗旨在于般若，而非禅定。

所谓“般若”有各种各样的解释，但其根本的构造在于综合把握“止”与“观”，或称“禅定”与“智慧”，即肯定万法归一的法则，同时又承认万千差别的功用。“禅”源于“禅那”，一般学者往往将修“禅”，即印度人所实践的禅那行为，视作矢志而为“绝对者”的实践，即视为进入涅槃，等同于停止一切日常活动。

---

① 见《大正新修大藏经》第三十二册《论集部》。

然而，如果了解禅的诞生历史和发展现状，就可以明了这种主张与所谓“自我寂灭”的实践大相径庭。这种主张不仅将世间万物理解为“多”，而且理解为“绝对为一”。将“一”显现于事物的多样性之中来把握，而不是作为由事物中孤立出来的现象来把握。禅，即使投入禅定、止、冥想之际也绝不丧失感觉和知性的世界。禅，既为念又为无念；加以分别的同时，自身内心仍然具有超越分别之物；动作行为之时，如若毫无目的而为。禅的生存方式是不能以神学的理论概念来界定的。即如，太阳由东方而升，自西方而落；植物春季开花，秋季结实。我们往往将大自然的一切景象与人类的某种宿命和幸福相关连，以为存在着一种具有权威性的合理化设计。这种以己为中心的世界观，即使不招致思维混乱，也必将以悲剧形式而告终。

禅的世界毫无目的而同时又充满目的。当运用时间、空间、因果关系的概念而思考时即为有目的，而当禅将我们引入这个世界，即所思之物、被思之物乃至思考本身皆不存在的世界之际，即为毫无目的。一般人往往认为，这个世界不存在所谓悟性；而禅则认为，这是一个事实上存在着的世界，而世人却不知晓自身就是存在于这样一个世界之中。从客观事实的角度来看，禅的宗旨不可能由于议论而被反驳否定，禅所断定的真谛就是不可推翻的结论。我们所能做到的只有接受或不接受。这就是禅，即般若的性质之所在。

但是，从实践的角度来看，般若不可能单枪匹马而制胜，必须与禅定并驾齐驱。因为如果脱离了禅定，般若则抽象而乏力。当禅具有健全的安定性、直觉的明澈性和流动性时，禅定与般若则将难以分离。

禅佛教的两个流派中，曹洞宗“禅定”特色鲜明，而临济宗则偏向于“般若”。

（四）长夜明灯

公案，虽然是为了帮助参禅者见性证悟而采用较为容易的方法制造的，但是其中存在着许多实现般若理想的决定性因素。换言之，公案中深深地蕴藏着万法归一的法则。公案中的观察主体与被观察客体同为一体，举手召之，整个世界则显现于面前，被称为各个整体的自我，实际上正存在于反映自身的世界。如果将其命名的话，我们似乎可以称之为悟的预先逻辑性（metalogical）、超逻辑性（super-logical）、形而上性。但是，悟本身并非心理学或形而上学的概念，其内容核心既非预先逻辑亦非超逻辑，或可以认为存在着其他心理层面之物。

公案流行于世之前，悟的心理学因素并非特别明显，主要借助于形而上或理性、知性通往证悟之路。例如，五祖法演入门参禅就是起步于为了解消“一切感觉经验者当为何人”这一理性疑问。佛眼（？—1120）通读《法华经》，困惑于超越理性理解能力领域的有关论述而步入了禅门。佛果（？—1135）自青年时代起烦恼缠身不能自拔。其后，觉悟到自己迄今所积累的学识并没有指明一条通往超越生死而抵达涅槃彼岸之路，遂步入了参禅问道之途。临济、令遵、桂琛等古德本为持戒严谨的“遵纪守法者”，但是他们认为戒律只不过是一种为高尚者设定的道德约束，而没有加以盲目地绝对遵守服从。他们渴望深深地挖掘道德生活的本源而步入了禅门。这正是导致学人步入禅门的伦理法则，然而促使他们放弃单纯地追求所谓幸福的愿望之原动力是难以抑制的理性冲动。

禅林古德们长年累月专心致志于坐禅，日夜埋头于排解疑难。但是如果没有致力于探讨思索公案，他们的习禅生活将远远不如依照公案修行的学人富于心理特色。所谓“心理特色”的具体含义，可以从禅林古德的参禅经历中得到答案。

蒙山异为13世纪南宋末年人，当时依照公案习禅已经成为中国禅林的定规。蒙山异的公案实践鲜明地体现了“心理”作用的一个侧面。下面的这段话头引自袾宏编撰的《禅关策进》一节“蒙山异禅师示众”：

> 某年二十知有此事，至三十二，请益十七八员长老，问他做工夫，都无端的。后参皖山长老，教看“无”字，十二时中惺惺，如猫捕鼠，如鸡抱卵，无令间断，未透彻时，如鼠咬棺材，不可移易，如此做去，定有发明时节。
>
> 于是昼夜孜孜体究，经十八日，吃茶次，忽会得世尊拈花迦叶微笑，不胜欢喜。求决三四员长老，俱无一语或教。只以海印三昧一印印定，余俱莫管，便信此说，过了二载。
>
> 景定五年（1264年）六月，在四川重庆府患痢，昼夜百次，危剧濒死，全不得力，海印三昧也用不和，从前解会的也用不得，有口说不得，有身动不得，有死而已。业缘境界俱时现前，怕怖慞惶众苦交逼。
>
> 遂强作主宰，分付后事，高著蒲团，装一炉香。徐起坐定，默祷三宝龙天，悔过从前诸不善业。若大限当尽，愿承般若力，正念托生，早早出家，若得病愈，便弃俗为僧，早证悟明，广度后学。作此愿已，提个“无”字，回光自看，未久之间，脏腑三四回动。只不管他，良久眼皮不动，又良久，不见有身，只话头不绝，至晚方起，病退一半。復坐至三更四点，诸病尽退，身心轻安。

八月至江陵落发。一年起单行脚，途中炊饭，悟得工夫须是一气做成，不可断续。到黄龙归堂，第一次睡魔来时，就座抖擞精神，轻轻敌退。第二次亦如是退。第三次睡魔重时，下地礼拜消遣，再上蒲团，规式已定，便趁此时。打并睡魔，初用枕短睡，后用臂，后不放倒身，过二三夜，日夜皆倦，脚下浮逼逼地，忽然眼前如黑云开，自身如新浴出一般清快。心下疑团愈盛，不著用力，绵绵现前，一切声色，五欲八风，皆入不得，清净如银盆盛雪相似，如秋空气肃相似。却思工夫虽好，无可抉择。起单入浙，在路辛苦，工夫退失，至承天孤蟾和尚处，归堂自誓：未证悟明断不起单。月余工夫復旧。其时遍身生疮，亦不顾，捨命趁逐工夫，自然得力。又做得病中工夫。因赴斋出门，提话头而行，不觉得过斋家，又做得动中工夫。

到此，却似透水月华，急滩之上，动波之中，触不散荡不失，活泼泼地。

三月初六日，坐中正，举“无”字，首座入堂烧香，打香盒作声，忽然叻地一声，识得自己，捉败赵州。遂颂云：

没兴路头穷，

踏翻波是水。

超群老赵州，

面目只如此。

秋间临安见雪岩、退耕、石坑、虚舟诸大老。舟劝往皖山，山问：“光明寂照遍河沙，岂不是张拙秀才语？”某开口，山便喝出。自此行坐饮食，皆无意思，经六个月。

次年春，因出城回，上石梯子，忽然胸次疑碍冰释，不知有身在路上行。乃见山，山又问前语，某便掀倒禅床。却将从前数则极諳讹公案，一一晓了。

诸仁者，参禅大须仔细，山僧若不得重庆一病，几乎虚度，要紧在遇正知见人。所以古人朝参暮请，抉择身心，孜孜切切，究明此事。[①]

下面的这个例子引自《荆棘丛谈》。[②] 遂翁元庐（1717—1789）为白隐高足之一，同门师弟中一个来自琉球（现冲绳地区——译者注）的学僧，费时三年也没有破解师父交付的“只手”公案。他暗下决心无论如何也要了结未竟的心愿，于是将自己内心的烦恼和苦闷一五一十地向遂翁倾诉道：“我来自遥远的琉球群岛中的一个小岛，来此入门参禅的目的就是要彻见‘大法’。遗憾的是我过去所造诸般恶业深重之故，至今未能达到解脱证悟的目的。我如果以自己如此面目重返故里，将惭愧遗憾至极。”遂翁闻之安慰这位师弟道：“你千万不要气馁沮丧，不妨推迟一周返乡，再试一试能否把这个公案了结。”

这位师弟返回僧房一坐就是七天，最终却毫无收获，于是又来到遂翁处报告结果。遂翁对师弟说：“你再坚持一周，看看能否把难题搞清楚。”师弟忠实地遵照遂翁的忠告，然而仍然一如既往，毫无结果。虽然遂翁平素以脾气暴躁而闻名，但是却依旧和蔼耐心地劝师弟：“根据以往的经验，三周之内见性证悟的参禅者为多，你再试试第三周的运气。”第三周结束后，师弟泪流满面地来到遂翁面前道：“我还是一无所得，到底怎么办才好呀？”遂翁当

① 见《禅关策进》(《大正新修大藏经》第四十八册)。

② 见《荆棘丛谈》(《白隐和尚全集》卷一)。

即吩咐："你再去专心致志地参悟五天！"五天后，他的汇报内容依然如故。遂翁再次谆谆地忠告："你要是这样稀里糊涂地坚持下去的话，绝不可能证悟。你要竭尽全力，勇往直前。如果疑问还是得不到解决的话，你即使继续活下去的话也不会对人对己有任何益处。"听了遂翁的这番教诲，师弟决心拼命攻下公案难关。到了第三天，他终于顺利地搬掉了前进路上的障碍，如愿以偿地征服了全部难题。他面貌一新地来到遂翁面前禀报了一切，遂翁欢欣地加以印可。这件证悟事例印证了以下两句谚语：

> 没有激励，不能证悟。
> 不陷穷途，不能通达。

我在《禅论集》第一卷中曾经介绍了有关白隐禅师和佛光国师的见性证悟经历。这两位古德都专心致志于破解"无"字公案，历经艰难而漫长的岁月方才得以开悟。

根据上述事例，我们可以理解所谓"悟的心理侧面"一语的含义。

公案制创立之前，这一心理层面并未引起参禅者的重视。不论探索解决任何棘手的人生难题，一般都致力于对悟的理性侧面的探索，而没有倾注全力探索后世的所谓"公案"之类的特殊主题。这一历史现象可以从参禅者与禅师之间的所谓"问答"中有所了解。"问答"可谓五花八门、各式各样。例如："祖师达摩西来之意如何？""佛法大意如何？""如何是佛？""余有佛性否？""何为悟？""本来之人是谁？""如何脱离生死？"等等。参禅者向禅师提出类似的若干质询，而禅师的回答往往超出参禅者的预料，使参禅者不知所措。然而，正是这种完全超出参禅者预料的回答给予提问者以崭新的启发。事实上，正是禅师的所答非所问式的“回答”，开启了参禅者孜孜不倦地追求的真理之门。

禅门中经常可以见到这样的场景，参禅僧面向禅师恳求：“徒弟有一个疑问，能否请和尚作答？”而禅师不问疑问是何，而是首先将提问的参禅僧带到众僧面前道：“各位僧众，这里有一个提问的家伙。”禅师往往利用这种接化手段，促使参禅僧开动脑筋去思索，依靠自身的主观能动性来解决问题。

进入公案时代以后，禅家的接化施教方式焕然一新。对于探索和生产公案的施教者来说，不论疑问的种类和数量如何，而将其统统视为一个疑问集中于公案之中，参破了这一公案，就解决了诸般疑问，从而结束理性的不安状态。大慧禅师在《示妙明居士》中曾指出：

> 疑生不知来处，死不知去处底心未忘，则是生死交加。但向交加处，看个话头。僧问赵州和尚：“狗子还有佛性也无？”州云：“无。”但将这疑生不知来处，死不知去处底心，移来“无”字上，则交加之心不行矣。交加之心既不行，则疑生死来去底心将绝矣。但向欲绝未绝处，与之厮崖，时节因缘到来，蓦然喷地一下，便了教中所谓绝心生死、止心不善、伐心稠林、浣心垢浊者也。①

根据以上论述我们可以知道，所谓“公案”对于迷惘者来说

① 见《大慧普觉禅师语录》卷二十三《示妙明居士》（大正藏第四十七册）。

好比茫茫黑夜里的指路明灯。无论使参禅者的身心陷于痛苦折磨状态的疑惑、不安、踌躇来自于理智还是感情，公案都将引导其心境脱离烦躁扰乱的困境，而使精力转向至为重要的解决方式的探求之路。

为了达到这一目的，参禅问道者必须坚定地确信能够打开一切困难局面的公案的效力。此外，至为重要的是要确信禅师倡导的“心”，就是根本实在的“佛性”，就是源自世间万物的绝对本源的禅的“法脉”。缺乏这种坚定“信念”的参禅者，最终毫无任何希望把握公案的真髓。这一信念存在于所有佛教徒心中，舍弃了这一信念就相当于舍弃了佛教徒自身的生命。对公案持怀疑之念的参禅者为了达到最终目的，自然要重蹈以往独自苦思冥想的艰辛岁月之覆辙。

（五）信心为本

依据大慧禅师的观点，修行者如欲达到与佛比肩的境地，其他条件姑且不论，最重要的是必须具有坚定的决心。换言之，以坚定的决心决定开悟，从而成就完全解脱，实现彻底的“安心”。大慧禅师还认为，如果参禅者缺乏在人生中实现精神觉悟的决心，就不可能实现坚定不移的信念。

但是以我的一管之见，首先要具有信心，其后通过信心的作用使坚定的决心觉醒。只是由于信心一般潜藏于“无意识”的深层，人们往往否认心中存在信心。一般人往往认为，由于决心的存在而导致了信心本身的显现，从而抵达证悟的彼岸。我认为，如果信心本身并非已经存于“无意识”中，那么其本身绝不会反映到表层上来而获得外界的认识。不仅如此，所谓决心本身也将不复存在，因此也就不可能成就解脱证悟。所以，为了将潜藏着的至宝升华到意识层面，信心比所谓心理要求的“决心”更为重要。

对于禅师的“参禅问道，坚定的决心至关重要”这一主张，随着公案禅制度成为证悟的既定的手段而日益得到公认。参禅问道的修行生活被比喻为“生火”。从点火冒烟直至升起金黄色的火焰需要一系列不间断的劳作，最后实现所谓“归家”，即抵达目的地。

沩山曾问懒安：

> 山云：“汝十二时中，当何所务？”
> 安云：“牧牛。”
> 山云：“汝作么生牧？”
> 安云：“一回入草去，蓦鼻拽将回。”
> 山云：“子真牧牛也。”①

这也就是说，为了不偏离正轨，参禅者必须不断地防止懈怠之心滋生，参禅者必须立志做“铁汉”。一旦决心下定，就应该毫不顾虑善恶与正邪，而义无反顾地勇往直前。

信心为本，信心沉睡于我们的意识深层，信心由具有坚定决心之人的努力而觉醒，决心的确立取决于信仰行将显现之时。如果内心世界不存在所谓信仰，不论任何形式的决心，甚至产生决心之心本身也不存在。

---

① 见《指月录》卷三十一（《卍新纂续藏经》）。

但是，所谓“信心”并非我们通常称之为“信仰”之物。这是因为信心既没有必须面对的对象，也没有面对与信心本身相异之物的主体。所以，禅家主张的所谓根本的信心既无主体亦无客体。因为“主客”皆无，所以信心既非特殊的心理活动产物，也不是特定的概念，更不是此种说明所称的“无”。

大慧禅师在《示无相居士》中称：

> 上士闻道，如印印空；中士闻道，如印印水；下士闻道，如印印泥。此印与空水泥无差别，因上中下之士故，有差别耳。如今欲径入此道，和印子击碎，然后来与妙喜相见。①

我们通常将所谓信心的“图章”按盖于客观性的泥土之上，而观察其具体的“印痕”。然而禅家倡导的信心与按盖于虚空之处的图章相同。禅家认为，即使这枚图章也有必要将其彻底粉碎，这就是超越可视世界的信心。但这并不只是一枚仅仅具有否定意义的图章，这一事实可以从大慧禅师致妙证居士信函的一节中推测证实。信函的文字表面看似荒唐无稽，但从中可以看到“绝对无的一斑也未可见”的极为具体的内容。大慧禅师在《示空相道人》中曾言及打破“镜子”之事：

> 佛是凡夫镜子，凡夫却是佛镜子。凡夫迷时，生死垢染影像，全体现佛镜子中。忽然悟时，真净妙明，不生不灭，佛影像却现凡夫镜子中。然佛本无生灭，亦无迷悟，亦无镜子，亦

① 见《大慧宗杲祖师语录》卷二十《示无相居士》（大正藏第四十七册）。

无影像可现；由凡夫有若干，故随凡夫发明耳。而今欲除凡夫病，与佛祖无异，请打破镜来，为尔下个注脚。[①]

关于这个问题，可以参看雪峰与德山相见的话头。雪峰禅师为求“此事”之解，曾“三到投子，九上洞山”，即往返于投子、洞山门下往复参叩，孜孜求索，但始终未能明悟。后来，德山宣鉴禅师出世，道场法席鼎盛，雪峰遂登门请益禅法。某日，请教德山“祖师西来意”，道：“从上宗乘，学人还有分也无？”德山禅师当即给了他一棒，反问道：“道什么？”雪峰禅师不明其旨。第二天，他又来问德山禅师。德山禅师道：“我宗无语句，实无一法与人。”雪峰禅师一听，终于言下有省。[②]

大慧禅师在《示妙证居士》中引用“柏树子有无佛性”话头：

僧问赵州：“柏树子还有佛性也无？”州云：“有。”僧云：“几时成佛？”州云：“待虚空落地。”僧云：“虚空几时落地？”州云：“待柏树子成佛。”

而后，大慧禅师注释道：

“看此话，不得作柏树子不成佛想，虚空不落地想，毕竟如何？虚空落地时，柏树子成佛；柏树子成佛时，虚空落地，定

---

① 见《大慧普觉禅师语录》《大慧普觉禅师法语》卷第二十三《示空相道人》（大正藏第四十七册）。

② 见《五灯会元》卷七《德山宣鉴禅师》。

也思之！”①

这里必须注意的是，禅家倡导在任何场合都使用顺应日常生活的至为具体的表现手段。但是，其具体施教接化手段又宛如外星人所作所为，而与现实世界的常识性经验相矛盾。虽然禅家施教接化手段看起来似乎完全否定，但是禅家始终致力于表现具体而特殊的世界。虽然禅家与常识情理世界持完全相反的态度，但并不否定这个世界，禅家采用的就是这种效果精彩显著的施教接化手段。禅家力图用完全新奇的观点来改造旧世界，这一点与哥白尼的思维行动如出一辙。

我刚才谈到，禅的信心并非通俗意义范畴的信仰，既无“主”亦无“客”，属于“无信仰之信仰”。目的在于强调在这个感觉和知性的世界上重叠着一个真实的世界。如果理解了这一观点，感觉和知性的世界就等同于真实的世界，也就等同于创造了一个崭新的世界。禅家的“信心”始终具有创造性，我们由此而时时刻刻开创着新的生活。禅家的世界毫无腐朽之物，换言之，禅不是任凭虚空的概念及抽象和普遍的概念现象所主宰之物。

大慧禅师在《示妙智居士》中引用了这样一段话头：

在昔归宗拭眼禅师，曾有僧问：“如何是佛？”宗云：“我向汝道，汝还信否？”僧云：“和尚诚言焉敢不信。”宗云：“只汝便是！”僧闻宗语谛审思惟。良久曰：“只某便是，佛却如何保任？”宗曰：“一翳在目空花乱坠。”其僧于言下忽然契悟。

① 见《大慧普觉禅师法语》卷第十九《示妙证居士》。

关于这段证悟因缘，大慧禅师评论道：

> “这僧初无决定信，闻归宗直指之言。犹怀疑惑，欲求保任，方能自信。归宗老婆心切，向他所秉执处，以金刚王宝剑，用事劈面便挥，这僧方在万仞崖头独足而立，被归宗一挥，始肯放身舍命。”①

从逻辑理论观点来看，公案将有关人的本性和命运，以及其他宗教、哲学的一切疑问汇集于公案一问之中，对于集中解决诸般矛盾极为有益。公案本身毫无任何操纵奇迹的魔力，而只不过是一块所谓“敲门砖”或“指月的手指”。我们的重要目的在于通过敲门砖或指向月亮的手指，即借助公案更顺利、更快捷地抵达见性证悟的境界，所以公案与见性证悟二者关系密切。作为一种经验的“悟”属于心理范畴，因此公案也具有心理层次的因素。

公案的方式完全属于非逻辑性，同时又完全属于逻辑性。仅就公案疑难的解决方法而言，存在着逻辑性的一面。毋庸赘言，这种逻辑并不为多数人所理解。禅家对“扇子非为扇子，故为扇子”的理解与其称之为理解，不如称其为超理性，这与我们的心理毫无相干。但是所有的理解，不论纯粹抑或抽象的理解都是基于经验的产物，在这个意义上来讲属于心理范畴。虽然“悟”具有独自的心理和逻辑内涵，但是绝不可认为“悟”就是由某种经验的心理和逻辑内涵所构成的，“悟”中蕴藏着来自精神的某种因素。这种所谓精神性、超自然性，甚至超合理性之物就是我们所讨论的禅。

① 见《大慧普觉禅师法语》卷第二十二《示妙智居士》。

悟的心理层次与意识的情意层次的相互结合，发生于以大慧禅师所称的“决定心”挑战公案之时。解开公案疑难需要持续不断的努力，而这种努力来源于顽强的意志。保持由公案所激发的理性好奇心需要坚定的决心。当然，成就任何事情都需要决心，破解公案时更是如此。禅师的作用在于磨耗参禅者的精力，判断评估参禅者的进步状态和程度，禅师往往不停地催促参禅者发奋向前。参禅者与禅师最初的语言接触并非一件恼人之事，因为可以运用语言自由地表达自身的想法。但是几个回合下来以后，参禅者与禅师之间的语言交锋达到“对决”阶段后，参禅者往往陷入有口无言、手足无措的窘境。

参禅者汇集禅堂打坐参禅时，时常被年长的师兄强迫着领到禅师的丈室。这种强迫性的“导引”表面上看来完全不合道理，因为破解公案必须依靠本人的主观努力，而与他人的客观相助无关，而事实上这种看似十分强迫的人为手段往往有助于参禅者获得证悟体验，可以有效地培养参禅者的所谓“决定心”，可以使意志较为薄弱的参禅者参禅悟道的信念更加坚定。参禅者的意识一般都是在某种人为的改造或刺激之下而进入证悟状态的准备阶段的，所以不论有无强迫性“导引”，将意识提高到高度集中状态是极为重要的。将意识提高到只保留自身所追求的两条前进道路的最高度紧张的状态。其中一条道路为遭遇挫折而脱离到意识之外，而另一条道路则为超越极限而开辟出“悟”这一崭新的天地。

探索公案之初，应该树立明确而坚定的目标。如果不能有意识地经常用既定目标激励自身，则将难以消除心理上的紧张情绪而导致自身努力的目标破灭。即使幸运地抵达了证悟境界，树立一个坚定的目标也将使参禅者增加强烈的自尊心。参禅者之所以脱离了正确的轨道，其原因在于参禅者本身的某种素质的欠缺。一般来说，一切事物总是自然而然地不断向前发展，参解公案也是如此。经过刻苦努力通常能获得预期的结果，即抵达十全十美的彻悟境界。毋庸赘言，这里所说的“自然而然”“理所当然”与“超自然”“超逻辑”的意义相同。由此可见，抵达证悟终点之前毫不松懈的“决定心”及决心的心理因素十分重要，它相当于某一逻辑理论法则始终朝着最终目标而探求真理。

本来，逻辑理论法则作为消除人的精神不安的手段无能为力，所以达不到预期的目的，但我们在这一过程中被推到了断壁悬崖顶端。迄今为止，我们一步一步地按照逻辑理论思维方式走了过来，终于抵达了无底深渊的边缘。由于已经身临绝境，所以无路可退。在这个紧要关头，“决定心”将发挥作用而创造奇迹，这个作用就是飞跃悬崖断壁的作用。在这种场合，作为逻辑理论手段的意识将让位于与精神融为一体的意识。

这一阶段可以称之为，在位于火、水流淌的彼岸的弥陀的相邀之下，沿“白道”而行进的阶段，也就是被现身于混沌乌黑云端的神的慈爱所环抱。这一思维变化的过程，各类不同宗教分别称之为开悟、拯救、解脱、复活、往生净土等等。“悟”为禅家用语，禅的所有一切都始于悟，而终于“忘却”悟。始终作为悟而存在的“悟”并非“悟”，这种“悟”被称之为“臭气熏天之悟”。所谓“悟”必须在证悟过程中丢弃“悟”本身，这种产物才可以称之为“悟”。

本来，悟与心理及逻辑理论毫无关联。随着公案制度的发展，心理因素自然而然地对悟产生了影响作用。公案制度下的悟，作为发自“无意识者”内心深处的自然产物，其纯粹的特异性虽然略有丧失，但在参禅者的意识中被强行加了人为和心理因素的色彩。因此，心理因素日益受到重视。禅林古德们主张，如若缺乏坚定不移的至诚心，则难以使公案的铜墙铁壁屈服于参禅者的进攻。

关于这个问题，下面我将再次引用大慧禅师所阐述的观点加以说明。公案禅制度对习禅问道的重要作用显现于宋代的圆悟和大慧两位禅师以后。大慧被公认为反对宏智（1091—1157）倡导的“默照禅”的公案创始者。大慧认为宏智一派所倡导的“默照禅”将导致一切意识内容的空洞化，其结果将扼杀禅的生命，使禅变成石头般的冰冷僵硬之物，故而加以强烈谴责。宏智一派则认为，“公案禅”占主导地位的禅修方法手段过于人工雕琢，作为达到证悟的手段，将混乱的观念导入了主观意识，而加以驳斥。上述论争的优劣利弊姑且不论，大慧主张，坚强的意志对于禅修来说至关重要。大慧在致其俗家弟子妙明居士的长信中阐述了自身的有关见解：

> 既办此心，要理会这一着子。先须立决定志，触境逢缘，或逆或顺，要把得定作得主，不受种种邪说。
>
> 用应缘时，常以无常迅速生死二字，贴在鼻孔尖头上。又如欠了人万百贯债，无钱还得，被债主守定门户，忧愁怕怖千思万量，求还不可得。若常存此心，则有趣向分。若半进半退，半信半不信，不如三家村里无智愚夫。何以故？为渠百不知百不解，却无许多恶知恶觉作障碍，一味守愚而已。古德有言：“研穷至理以悟为则。”
>
> 近年以来，多有不信悟底宗师，说悟为诳呼人，说悟为建立，说悟为把定，说悟为落在第二头。披却狮子皮，作野干鸣

者，不可胜数。不具择法眼者，往往遭此辈幻惑，不可不审而思，思而察也。[1]

天目山的高峰原妙（？—1295）的见解与大慧禅师较为相近：

若论此事。只要当人的有切心。才有切心，真疑便起。真疑起时，不属渐次，直下便能尘劳顿息，昏散屏除。

一念不生，前后际断。行亦不知行，坐亦不知坐，寒亦不知寒，热亦不知热，吃茶不知茶，吃饭不知饭，终日呆惷惷地，却似个泥塑木雕底。故谓墙壁无殊，才有遮境界现前，即是到家之消息也。决定去他不远也，巴得构也，撮得着也，只待时刻而已。

又却不得见恁么说，起一念精进心求之。又却不得将心待之，又却不得要一念纵之，又却不得要一念弃之。直须坚凝正念，以悟为则。当此之际，有八万四千魔军，在汝六根门头伺候。所有一切奇异殊胜善恶应验之事，随汝心设，随汝心生，随汝心求，随汝心现。凡有所欲，无不遂之。汝若瞥起毫厘差别心，拟生纤尘妄想念。即便堕他圈缋即便被他做主，即便听他指挥，便乃口说魔话，心行魔行，反诽他非，自誉真道。般若正因，从兹永泯，菩提种子，不复生芽。劫劫生生，常为伴侣。当知此诸魔境，皆从自心所起，自心所生。心若不起，争如之何。天台云，汝之伎俩有尽，我之不采无穷，诚哉是言也。但只要一切处放教冷冰冰地去，平妥妥地去，纯清绝点去，一

① 见《大慧普觉禅师法语》卷第二十三《示妙明居士》。

念万年去，如个守尸鬼子。守来守去，疑团子欻然爆地一声，管取惊天动地。[1]

如果将所谓“疑团子”译成英文的话，可能会使人产生异样的感觉。中文的原意为“疑团”或“疑念之症结”，具体是指破解公案至某一阶段时参禅者的心理活动状态，并非理性用语，而是指心理意识步入绝境的一种状态。“疑”字看似具有理性因素，而在这里是指参禅者心理意识的封锁状态，即思维的流动遭到封锁，止步不前而冻结成一个僵死的团块形状。

从某种意义上来讲，这是一种集中的状态。心理意识被这一“团块”完全占领，通畅的思想理念的潮流堵塞不通而形成了“疑团”。这道封锁线被突破之时即为证悟，即心理意识再次恢复正常活动的瞬间。心理意识突然觉察到其本身的变化，这种变化具有超越心理作用的意义。团块消失，疑念化解，一个迄今为止难以想象的崭新境界展现在了参禅者的面前。

（六）拳打脚踢

破解公案，仅仅依靠“决定心”不可能达到目的。当某种危机来临之际，心理意识往往由失足落入的“壕沟”发生转变，所以这时需要来自外界他人的某种撞击。所谓必要的撞击一般表现为愤怒、义愤、屈辱等激烈的情绪兴奋形式。在这种激情的刺激下，往往可以获得某种异常的力量，从而打破平素所设计的意识限界。换

① 见《高峰原妙禅师语录》(《卍新纂续藏经》第七十册)。

言之，激烈的情绪波动，能够唤醒我们心中平素未曾意识到的不可思议的力量。

孔子的弟子颜渊问仁，子曰："克己复礼为仁。一日克己复礼，天下归仁焉。为仁由己，而由人乎哉？"[①] 这里谈到了冲破束缚自己手脚的障碍的重要性。由此看来，需要运用某种异常手段来刺激当事者本人。禅师对于人的这一心理层次异常清楚，所以选择极为适当的时机加以实践，譬如对禅修弟子拳打脚踢等等。这些看似冷漠粗暴的接化施教手段绝非出自禅师心中的愤慨，而是禅师利用弟子们的不满和愤慨情绪而施行的引导手段。

伊达自得（1802—1877）为日本明治初年纪州藩主的重臣，因惹怒主人而被迫蛰居家中。他借此难得机会开始专心致志地研究三藏。经数年获得了自由之身以后，他又矢志禅修，经人介绍，拜在以接机施教手段严厉而闻名禅林的京都某禅师门下参禅修道。伊达自以为参得了公案而前往禅师处禀报，不料禅师一言未发而将他暴打了一顿。

禅师的这番举动深深地挫伤了这位具有强烈自尊心的老年强悍武士。他按捺不住内心的愤怒而向身为介绍人的友人诉说了内心的苦衷："我虽苟为武士，但迄今为止还未曾遭受过来自君主或双亲的如此有损体面的虐待，这类无礼之徒实在让人难以忍耐。我一定要和这个假和尚好好地算算账。我先割了他的脑袋，然后自己切腹自杀，不然实在难以忍受这般羞辱。"

这位友人闻之泰然而道："你割了和尚的头又有什么用呢？和尚的心中压根儿就不存在'我'这个字眼，他的一言一行都是为

---

① 见《论语·颜渊》。

了‘禅’这个字。你倒是应该仔细地想一想，拳打脚踢一定自有缘由。”

伊达只得告别友人，闭门隐居，开始聚精会神地冥思苦想公案。数日后，宛如天色破晓，心中豁然明朗，终于破解了公案的真谛。于是，他立刻赶到禅师的丈室，向禅师禀报了透彻的见解。

今北洪川（1816—1892）为日本近世著名禅师。年轻时曾为儒者，由于心灵始终不得满足，25 岁便转身投入禅门，落发为僧。他的师父大拙和尚以接化手段狠辣峻烈而闻名禅林，对待今北洪川更为严格。有一天，今北洪川奉禅师之命为来客烧豆腐汤。由于他从来没有接受过正规的厨师训练，所以把一块好端端的豆腐切得稀烂。禅师为此勃然大怒，一气之下要把他赶出寺门。作为第三者，一般都会认为这个处罚未免过重，况且洪川本人也低头认错并进行了深刻的反省。但禅师就是不依不饶，不肯善罢甘休。今北洪川这个刚入门不久的小和尚无所适从，沮丧到了极点。一个平素经常照顾他的师兄目睹了这一切，主动好言劝解禅师，平息了他心头的怒火。

其后，今北洪川因闻禅师说禅而有所启发，误以为已经证悟。深深地触动了他的心弦的是如下两句：

> 竹影扫阶尘不动，
> 月穿潭底水无痕。[①]

这两句有名的七言绝句，曾经唤起镰仓圆觉寺的创建者佛光

---

① 唐朝 贾岛《登江亭晚望》。

国师对禅法的深切关心。日后，今北洪川接任了圆觉寺的管长（住持）。

但是，大拙禅师对今北洪川的所谓证悟见解根本不屑一顾。禅师近乎无情的排斥态度驱使今北洪川更加集中自身的思维和直觉能力，专心致志于禅修。但是，今北洪川还是陷入了绝境，迷失了继续前进的方向，失去了后退的方法。每次向禅师禀报自身的禅修见解，得到的都是禅师无条件的斥责，乃至不分青红皂白的殴打。今北洪川失望沮丧至极，为阻挡自身精神觉醒的所作恶业的重负而悲泣。但是，其师一如既往地毫不留情，一言一行都充满了憎恶之心。虽然今北洪川对自身所处的不幸惨状深感悲哀，但是他绝没有气馁和动摇，反而愈发恭敬地全力照料当时正在患病的禅师。

日复一日，极为艰难的禅修生活使今北洪川的体质逐渐衰弱，食欲减退、面色苍白。同门的学人不禁暗自担心洪川可能不久就要屈服于严峻的考验。但是，今北洪川本人的心境却完全不同，因为他确信自己已经逐渐地适应了这一禅修环境，正在日益进步。有一天晚上，今北洪川来到禅堂，同门的僧众都外出参加佛事活动，空无一人。他专心致志地参禅了一夜，甚至连天明也没有察觉，只是恍恍惚惚地听到了报晨的击板声音。终于，他觉察到自己已经行进到了即将破解“此事”真谛的阶段。于是，他终日不离禅堂，为了使自身与公案融为一体而废寝忘食地发奋禅修。进入傍晚，他突然感到浑身充满了一种难以言状的微妙快感，身体五官清澈无比，诸般差别皆然消失。这种状态没有一直持续下去，而心中异常清澈之感逐渐扩散开来，精神之眼顿时为之一开。他听到了一声长鸣，看到了一道幻影，两者都不是来自人间地上。他如实地品尝到了甘露之醇美，迄今为止所持有的一切暧昧的疑惑及一切学识烟消云散，一扫而光。他突然大声地吼道：“不可思议！太不可思议了！我终于证悟了！一切圣典都变成了日光下的烛火！”

禅宗史上记录着许多诸如此类的见性开悟先例。譬如，某参禅僧自信已经悟得公案的真谛，反而遭到禅师的强烈斥责而被赶出门外。在羞耻和愤怒之情的驱使下，他通宵反复钻研探索公案。时值盛夏之夜，禅堂内蚊虫飞绕，而他只是身着一件薄衫，强忍着辘辘饥肠，将公案置于全部身心。接近拂晓之际，他终于悟得了禅师的所谓“险恶用心”。当他从禅定的世界挺身而起时，饱餐了血的蚊虫仿佛露珠一般在他的脚下滚来滚去。

中国宋代，某僧登门参访一位以接化施教手段峻烈而闻名的禅师。只见寺内空空荡荡，参禅弟子都不敢亲近。但是，这个血气方刚的学僧对禅师严厉暴躁的秉性毫不介意。即使禅师隆冬天气里向禅堂里泼冷水，他依然顶着刺骨严寒坚持禅修，从未萌生过退转之意。学僧坚定而顽强的意志终于感化了禅师的铁石心肠，而收留其为入门弟子。

正受老人接化白隐禅师的手段也闻名于禅林。在夏日的一个雨夜，白隐因为固执己见而被其师由廊下踹了下去。正是禅师的这一野蛮粗暴的行动将误入歧途的白隐拯救了出来。

因此，禅家认为这种“拳打脚踢”的接化施教手段很有必要。在这种场合，无论任何知识和议论都已经无济于事，无论任何口头的劝说也不能拯救禅修者，而只有借助于突如其来的击打，才能够掸落附着在禅修者灵魂深处的污垢。这种倏然的觉醒，只有在强烈的感情波动的冲击下才有可能实现。

譬如，白隐禅师外出托钵化缘来到一户人家门前。这家的老妇人本来没有任何供养之意，而白隐却毫无察觉，依然与伫立门前的老妇人对面而立。老妇人见状勃然大怒，举起手中的扫把就是一顿痛打。但是，老妇人的这一暴行却使白隐觉悟到了超越理论理解的禅的真谛。

（七）禅悟价值

仅就以公案制度为手段而见性证悟的心理层面来讲，禅修者精神力量的重要性是显而易见的。这是因为公案可以将禅修者导向自身实际存在的最高和最低的两个极端。如果抵达了这两个极端，则将自愿放弃自身曾不忍舍弃的一切，彻底摧毁自身而一无所有，这是身为“亚当”的禅修者自身毁灭之时。禅修者将面对一片空白，不晓眼前景色。他虽然清楚地意识着跳跃悬崖这一目标，但只知向前行进而已。

终于，禅修者开始起跳了，他觅得了自己的本来面目，一个既不是固有自我形象之上，也不是固有形象之下的本来面目。他看到了自身位于拥有歌人山部赤人（奈良时代的歌人——译者注）笔下描绘过的白雪覆盖的富士山，以及被太平洋的汹涌波涛冲洗过的“田子浦”（位于静冈县富士市一带的海岸，山部赤人曾咏唱过田子浦——译者注）的旧世界之中。在这个世界中，心理学的因素完全丧失了，被形而上学取代。即，不依存于理性，由人的内心存在滋生出来的形而上学。对禅修者来说，所谓形而上学是一个原本封闭着的无知世界。但是一旦形而上学现身，禅修者就仿佛回归了故里，这里的一切都是那么熟悉，一切皆如往昔，毫无二致，禅修者知晓了庐山就是“烟雨”，浙江就是“潮”。

探索钻研公案的心理过程到底是一个什么样的状态呢？我认为其意义不在于心理学，而最终在于“形而上学式”的理解。当然，心理学的因素也不可忽视，因为心理学的因素固有其自身存在的价值，但心理学的因素并不能左右和占据禅修的主导地位。心理学如果不向禅修者敞开证悟之门，不仅使禅修者易于陷入错综复杂的罗网，对禅修者来说也只是一个毫无必要而难以驾驭的附属物。为了使参禅者对纯粹的证悟状态而不是心理状态有所觉悟，就必须赋予公案以正当的缘由。禅者之悟应该为世界与人类的未来描绘出崭新的前景。作为独立的个人，作为地球村的一员，作为包括无情有情所有存在的无穷无尽的物质体系的一分子，禅修者应该验证禅悟对人类日常生活的作用和价值。

老到成熟的禅师往往对钻研破解公案的所谓“正道”喋喋不休。这是因为禅修者动辄就容易在心理、逻辑、精神等诸方面误入歧途。所以，必须由谙熟弟子训练方法的练达之师细心慎重地接化施教。

公案每每成为禅修的危险而无用的手段。日本近代著名禅师盘珪曾将公案贬斥为“人为的手段”，极力反对公案禅修的方法。盘珪虽然隶属于曹洞宗一派，但其宗旨有异于曹洞宗，不主张“默照”坐禅。他认为“默照禅”与公案如出一辙，都是人工雕琢的产物。盘珪主张彻底的“不生”，致力于阐扬“人依靠生来所授的‘不生’而生存于世”之理念。所谓“不生”先于物质世界，是人所具有的自我存在。换言之，“不生”就是人认识到自身存在之前的“神”。但是认识世界并非就此而止步，因为如果就此止步不前，即为“非存在”。“不生”了解自身，负有责任，而公案在大多场合阻碍“不生”的自然作用。

下面引用的盘珪有关证悟方法的法语或问答说明了上述论点。[①]

某禅修者请教盘珪：

“若是依照和尚‘不生’的教诲，禅修者应该与‘不生’同行。所谓‘不生’是否与‘无记’同为一个概念呢？”

这里所说的所谓“无记”为佛教术语，是指一件事物非善非恶的状态，即“非感觉”“非伦理”“神经系统不健全”“知性不健全”“无分别或不决定状态”等意。

盘珪答道：

“当你毫无意识地面向老衲闻法时，如果有人在你的背上点了一把火，你是否能感觉到背后的灼热呢？”

禅修者答道：

“一定能感觉到。”

盘珪又道：

“如果有了感觉，则不能称其为‘无记’。因为已经感觉到了灼热，所以不是‘无记’。既非‘无记’，所以即使不做其想，即为识别冷暖。自己口称‘无记’，反而感觉到了火灼皮肉之

① 见《盘珪禅师语录》（铃木大拙编校，岩波书店，1993 年出版）。

苦，这又如何能称其为‘无记’呢？既非‘无记’，自己就应该更进一步地了解‘无记’的本来面目。即，佛心尊贵贤明而不可思议，并非‘无记’。所谓‘无记’到底存在于何方？你何时可曾‘无记’而生？你须臾未曾‘无记’而存。”

盘珪在其他场合还指出：

“禅修者的‘不生’之心，即为不晓生死的‘佛心’。其证据在于禅修者观察世界时，可以辨明当下形形色色的事物，闻声而知鸟啼钟鸣，而无需思考。我们每个人都在‘不生一念’默默地从早到晚从事着自己的工作。然而，许多人对此却毫无觉察，认为一切日常生活都是由‘分别’和‘思考’所作用的。这是一个极大的误解。所谓‘不生’，作用于我们每个人的身体内部，佛心与凡夫之心并非二物。然而，渴望证悟而发现自心的禅修者寄希望于‘修行用心’（即信奉公案——作者注），这是大错特错之举。

所谓‘不生不灭’之语，如果对于《心经》稍有了解之人都会十分熟悉。公案信奉者不去深入了解‘不生’的根源，而期待通过‘分别’和‘比较’手段证悟成佛，误以为这就是悟得佛性的正道。但是如若通过这种手段求佛得道，就是与‘不生’理念背道而驰，从而失去自己内心深处的生来具有之物。此‘心’既不是‘自己十分聪慧’之心，也不是‘自己特别愚昧’之心，而与禅修者生来所具之心毫无二致。将此‘心’移入‘悟’的状态，即为本末倒置。

禅修者生来即为佛，生来所具之心毫无任何‘迷’（‘迷’

与‘悟’相对。不‘悟’即为‘迷’，所谓‘迷’的文字意义可以理解为‘丧失’‘迷路’‘脱离正确轨道而彷徨’等——作者注）。因此，绝无必要生任何邪念和妄想。即使握紧双拳快步疾飞也改变不了‘不生’的命运。禅修者如果急欲改善自身现有状况而有所求，就已经违背了‘不生’的规律。众生生来所具之心无喜无怒、自由自在，就是普照万象的神妙佛心。所谓‘信心’就是坚信这一道理，在日常生活中舍弃一切执著之念。”

盘珪在各种场合都极力宣传“不生禅”并非本能及“无意识者的”哲学之主张。如果“不生”为无意识，那就应该从形而上学、存在论或宇宙论的角度，而不是从心理学的角度来理解。“不生”既不是盲目之力，也不是非合理性的冲动或单纯的生命飞跃。盘珪指出：“‘不生’超越了伦理比较领域，属于理性范畴，可以称之为无分别之分别，秩序之本，在实际活动的世界中主宰知性发挥作用。”

但是，我们不可忘记这样一个事实，即以盘珪、白隐、临济、药山、赵州等为代表的禅林古德们都不是哲学家，他们大部分都是注重实践的极端经验论者。他们期望禅修者不依赖言语议论而亲身与“不生”正面交锋，脚踏实地实践“不生”的生活。因此，禅师将“不生”运用于合理场合时，不依赖论理及辩证法规则来加以表现。他们期望作为一个“不生”领域的亲身经历者，充当禅修者的全方位向导。

结束本小节之前，最后引用一段盘珪与禅修者之间就“大疑”话头的问答。某僧问：

“古语云，大疑之下必有大悟，而和尚却不主张‘大疑’，道理何在？”

在盘珪的时代，日本禅林中存在着信奉公案一派。他们认为破解公案时有必要发“大疑”或生“疑团”，禅林就此展开了活跃的论争。这里引用的盘珪弟子的疑问如实地反映了当时的论争状况。

盘珪本人并不赞赏这种修禅方法。因为他熟知钻研破解公案过程中含有颇多人为技巧，而不是发自禅修者内心的实际要求。所以，他旗帜鲜明地反对依靠公案禅修法来人为机械地生产“大疑”。盘珪指出：

> “你是对这一方法持有‘大疑’。当年，南岳怀让禅师参学六祖慧能门下时，六祖曾问：‘什么物恁么来？’南岳不解其意，哑口无言。经过八年参修，他终于悟得了六祖所问本意，便对六祖答曰：‘说似一物即不中。’这就是所谓的大疑大悟。譬如，某僧丢失了唯一的一件袈裟，无论如何仔细寻找都不明下落。丢失了不可须臾或失之物而苦苦地寻找，这就是“疑”，这是现实生活中生出的真正疑念。
>
> 当代禅者都以昔日古德曾生疑发问为借口而人为地制造疑念，这并非真正的疑念，而只是模仿之物，因此也不可能从中证悟。这就好比将根本没有丢失之物而权当丢失，去寻找、去追求。”

盘珪一针见血地指出了公案制的最大弱点。公案对人的心理产生作用，其目的在于单纯地顺应哲学意识及宗教意识而生产出主观的意识形态。公案制对于宗教意识产生了强烈的内在冲击作用，但对于哲学意识来说，只是为了单纯地去追赶前者。虽然公案禅修法的实践者只是模仿者，但是其对禅的追求欲望明显地表明，他们并不欠缺内在的欲望希求，禅修者所需要的只是来自外界手段的帮助。如果能够得到具有丰富禅修经验的禅师的恰当指导，利用公案无疑可以完全达到见性证悟的目的。在禅师适当得体的接引施教下，所谓模仿者终将转变为纯粹之人。

但是，公案信奉者有必要充分地认识到，所谓公案是大智大慧的具体表现，而只有当这种表现与大慈大悲相结合之际，方才显示出存在的意义，这是一个绝对不可忘却的事实。